Sangharakshita

Ritual und Hingabe
Verehrung im Buddhismus

Über den Autor

Urgyen Sangharakshita – bürgerlich Dennis Lingwood – wurde 1925 in London geboren und starb 2018 in Adhisthana in Herefordshire, Großbritannien (siehe www.adhisthana.org).

Als junger Mann lebte er in Indien, wo er über zwanzig Jahre den Buddhismus unter Lehrern verschiedener Traditionen (Theravåda, Mahåyåna und Vajrayåna) übte und studierte. 1967 kehrte er nach England zurück und gründete die Freunde des Westlichen Buddhistischen Ordens (FWBO). Inzwischen entstand daraus eine internationale Bewegung mit Zentren in der ganzen Welt. 2010 wurde die Gemeinschaft umbenannt und heißt heute Buddhistische Gemeinschaft Triratna.

Heute zählt Sangharakshita zu den wichtigsten Lehrern des Buddhismus im Westen und ist als Autor zahlreicher Bücher bekannt. Er versteht sich vor allem als „Übersetzer" – zwischen Ost und West, zwischen Tradition und Moderne, zwischen Prinzipien und Methoden. Seine Bücher wurden bisher in 30 Sprachen übersetzt.

Ritual und Hingabe
Verehrung im Buddhismus

Eine Einführung in die Siebenfältige Puja

SANGHARAKSHITA

Bibliografische Informationen der Deutschen Nationalbibliothek:
Die Deutsche Nationalbibliothek verzeichnet diese Publikation in der Deutschen Nationalbibliografie; detaillierte bibliografische Daten sind im Internet über http://dnb.dnb.de abrufbar.

Erstmals veröffentlicht in englischer Sprache von
Windhorse Publications unter dem Titel:
Ritual and Devotion in Buddhism
© Sangharakshita 1995
Der Autor beansprucht das moralische Recht, als Autor dieser Arbeit kenntlich gemacht zu werden.

Übersetzung: Vidyagita Cordula Feld, Wolgang Ross
Lektorat: Nirmala Roland Grzelski u.a.
Satz und Umschlaggestaltung: Maitricarya Arno Aka
Umschlagfotos: Bristol Buddhist Centre (Shrine), Shutterstock.com
Einzige deutsche autorisierte Übersetzung
© 2016 Buddhawege e.V.; 2. geänderte Auflage 2019
Alle Rechte vorbehalten
Herstellung und Verlag: BoD – Books on Demand, Norderstedt
ISBN 978-3-7392-4868-4

Inhalt

Vorwort des Herausgebers 9

1. Emotionale Energie und spirituelles Streben 13
2. Die Psychologie des Rituals 31
3. Ursprünge der Siebenfältigen Puja 45
4. Wie wir uns der Siebenfältigen Puja nähern können 51
5. Verehrung 65
6. Opfergaben 79
7. Begrüßung 83
8. Zufluchtnahme 91
9. Eingeständnis von Fehlern 101
10. Lob des Guten 109
11. Bitte um Belehrung und Verweilen 119
12. Abgabe der Verdienste und Selbsthingabe 127
13. Abschließende Mantras 135

Siebenfältige Puja 147

Begriffserläuterungen 152

Hinweise zur Schreibung und Aussprache 157

Adressen 159

Vorwort des Herausgebers

Jeder westliche Buddhist heute ist durch einen Prozess der Verwandlung gegangen oder tut es vielleicht noch. Selbst wenn Sie wie der 16-jährige junge Mann, der Sangharakshita wurde, eines Tages klar entdecken, dass Sie Buddhist sind und es immer schon gewesen sind, durchlaufen Sie zumindest einen Prozess, um diese Tatsache bewusst zu verinnerlichen. Sie beginnen zu benennen, was für Sie bisher namenlos war, untersuchen in der Sonne des Tageslichts, was Sie vorher nur im dämmerigen Schatten wahrgenommen haben.

Einer der großen Vorteile dieses bewussten Verwandlungsprozesses ist, dass Sie die spirituellen Praktiken ihres gewählten Weges nicht für selbstverständlich halten, so wie jemand, der vielleicht in einer bestimmten religiösen Tradition aufgewachsen ist. Diejenigen, die in traditionellen Gesellschaften oder eng zusammengewachsenen Gemeinschaften leben, die sich auf eine einzige Religion beziehen, mögen bestimmte Bräuche aufrechterhalten, nur weil ihre Familien und Nachbarn dies tun. Sie mögen sich an speziellen Praktiken und Traditionen erfreuen oder Trost in ihnen finden, weil sie mit ihnen von Kindesbeinen an vertraut sind, ohne notwendigerweise ihre Bedeutung ganz zu verstehen. Diese Möglichkeiten sind für einen „Bekehrten" versperrt, der üblicherweise den Sinn der spirituellen Praxis erkennen möchte, der er oder sie sich verpflichtet: Was ist ihr Nutzen? Wo kommt sie her? Passt sie zu mir? Wir möchten Antworten auf diese Fragen bekommen, insbesondere wenn die Praxis uns nicht unmittelbar anspricht oder eine Menge Anstrengung kostet – oder uns nur ein wenig rätselhaft erscheint.

Auch wenn wir nicht genau wissen müssen, wie und warum etwas funktioniert, um eine Wirkung zu haben, ist ein Forschergeist generell gesund und hilfreich für das spirituelle Leben. Wir werden uns wahrscheinlich stärker für die spirituelle Praxis engagieren und bewussteren Gebrauch von ihr machen, wenn wir etwas über ihre Bedeutung und Funktion verstehen. Nichtsdestotrotz hat der Wunsch, alles über eine Sache zu verstehen, in die wir uns vertiefen, wie viele positive Geisteszustände einen „nahen Feind", für den vor allem wir Westler anfällig sind. Der „nahe Feind" ist die Haltung, dass wir die Bedeutung einer Sache allein durch den Intellekt vollständig durchdringen können, wenn wir etwas nur gründlich genug konzeptualisiert haben, wenn wir alles über etwas zu wissen meinen. Ein Buddhist, der erklärtermaßen nach einem direkten Wissen über die Realität jenseits aller Konzepte strebt, sollte natürlich nicht in solches Denken verfallen. Und trotzdem ist unsere Konditionierung durch die westliche Tradition des wissenschaftlichen Rationalismus stark und stützt fast unvermeidlich die verborgenen Ansichten hinter unseren Gedankengängen.

Ein anderer heimlicher Feind bei unserer Suche nach Erkenntnis ist einfach der Wunsch nach einer fertigen Meinung über eine bestimmte Sache, die wir in Unterhaltungen einbringen oder erneuern können, wenn herausfordernde Fragen aufgeworfen werden. Dieses Verlangen führt uns dazu, eine Myriade von Informationsschnipseln – und oft Fehlinformationen – aus zweiter Hand aufzuschnappen und für später zu sammeln, ohne etwas aus eigener Erfahrung, aus Studium oder Reflektion wirklich zu wissen. Eines der Probleme, denen Sangharakshita bei seiner Rückkehr nach England gegenüberstand, nachdem er zuvor zwanzig Jahre in Indien gelebt hatte, war das große Ausmaß an Fehlinformationen, die unter den englischen Buddhisten in den 60er Jahren zirkulierte. Vieles von dem Material in diesem Buch geht auf Vorträge und Seminare zurück, die Sangharakshita in den ersten Jahren nach seiner Rückkehr gehalten hat, als er mit großem Geschick und großer Beharrlichkeit dem Durcheinander und den Missverständnissen, die damals vorherrschten, etwas entgegen setzte.

Es gibt vieles über die Ursprünge und Bedeutung buddhistischer Hingabepraxis oder Puja zu erklären. Sangharakshita legt dieses Material mit seiner üblichen Klarheit und Kompetenz dar, erhellt durch den Reichtum an persönlicher Erfahrung, Studium und tiefer Reflektion. Aber dies alles zu lesen und zu verstehen bedeutet nicht, die Puja selbst zu kennen. Puja kann man nur durch das Praktizieren begreifen, durch das Erleben und die Entwicklung von Rezeptivität über eine erhebliche Zeitspanne hinweg, vorzugsweise durch regelmäßige Praxis in Gemeinschaft mit anderen. Solch erfahrungsbezogenes Wissen über die Puja kann uns nicht auf dem Tablett serviert werden. Selbst Sangharakshita kann nicht mehr zwischen diesen Buchdeckeln tun als uns Hinweise zu geben und die Richtung zu weisen. Dieser Band ist deswegen eine Art „Gebrauchsanleitung." Er ist ein Begleiter für die Pujapraxis, nicht ihr Ersatz.

Als literarisches Dokument ist das Buch eine bearbeitete Zusammenstellung verschiedener Unterweisungen, die Sangharakshita zum Thema Puja gegeben hat. Die umfangreichste Einzelquelle, die sich im Material der Kapitel 5 und 7 bis 12 sowie in einigen Textteilen der Kapitel 3 und 4 befindet, wurde als Abschrift eines Seminars über die Siebenfältige Puja 1978 erstellt. Die Kapitel 1 und 2 wurden hauptsächlich aus Vorträgen von 1967 bzw. 1968 entnommen, und ein großer Teil von Kapitel 13 stammt aus Vorträgen von 1972. Der Rest des Stoffs umfasst kurze Zusammenfassungen zahlreicher unterschiedlicher Seminare, die Sangharakshita größtenteils in den 80er Jahren geleitet hat.

Um den Text prägnant und lesbar zu machen, wurde der Seminarstoff aus dem ursprünglichen Dialogformat in durchgängiger Prosa wiedergegeben. Verbundene Teile wurden zusammengefasst und Wiederholungen und Aspekte lediglich vorübergehenden Interesses wurden weggelassen. Angesichts der Tatsache, dass Sangharakshita während der ursprünglichen Seminare und Vorträge teilweise auf spezifische Fragen und zu Themen Stellung bezogen hat, die zu der Zeit von besonderem Interesse für die Mitglieder von Triratna (Anm.: im Originaltext FWBO, wird im Folgenden jeweils durch den neuen Namen ersetzt) gewesen sind, kann es sein, dass manchmal die Materialauswahl für die Diskussion ein wenig eigenwillig erscheint. Trotzdem wurde das Material im Text gelassen, so weit es von inhaltlichem Interesse ist und Bedeutung für die Puja hat. An einigen Stellen wurde Text hinzugefügt, der ursprünglich nicht in den Seminaren oder Vorträgen vorkam, um die Argumentationslinie aufrechtzuerhalten oder um Missverständnisse zu vermeiden. Die fertig bearbeitete Endversion wurde selbstverständlich von Sangharakshita frei gegeben.

Im Namen des Spoken Word Project's möchte ich mich für die Arbeit bei den vielen Menschen bedanken, die unter der Leitung von Dharmachari Silabhadra das Gesprochene von Sangharakshita ins Schriftliche übertragen haben. Ohne ihre harte Arbeit wäre unsere um vieles schwieriger geworden.

Puja ist eine wunderbare, anregende und effektive Form spiritueller Praxis. Sangharakshitas Überlegungen dazu beschenken uns mit einer faszinierenden und inspirierenden Mischung aus spiritueller Lehre, psychologischer Einsicht, historischem und kulturellem Kontext, persönlichen Anekdoten und praktischer Anleitung, verflochten mit freundlicher, aber unwiderstehlicher Ermutigung, die Puja immer tiefer und authentischer zu praktizieren. Dieses Buch wurde in der Hoffnung zusammengestellt, dass seine Leser inspiriert und darin bestärkt werden, genau das zu tun.

Simon Carruth, Spoken Word Project, London, September 1995

1. Emotionale Energie und spirituelles Streben

Sokrates pflegte zu sagen, das Gute zu erkennen sei ausreichend. Er sagte, das Gute zu tun würde automatisch dem Wissen darüber folgen. Das mag für Sokrates so gewesen sein, ist es aber sicherlich nicht für die große Mehrheit von uns. Wir verfolgen tugendhafte Handlungen keineswegs automatisch wegen des Wissens über das, was richtig ist. Und warum dies so ist, kann man ein wenig aus der Kritik von Aristoteles gegenüber dem Argument von Sokrates erahnen. Er sagte, dass Sokrates generell nicht das berücksichtigt, was Aristoteles die „irrationalen Aspekte der Seele" nannte.

Die Kontroverse zwischen diesen beiden altgriechischen Philosophen zeigt eines der grundsätzlichen Probleme, die im spirituellen Leben auftauchen: das Problem, wie man Wissen in Sein umsetzen kann. Die Wahrheit zu erkennen und zu verstehen, eine intuitive Ahnung der Realität zu erlangen, ist schwierig genug, aber es in das persönliche Leben und in das eigene Sein zu integrieren ist hundertmal schwerer. Wie viel wir auch immer verstanden haben mögen und wie breit und klar dieses Verständnis auch sein mag, so bleibt es doch sehr schwer, es in die Praxis umzusetzen, in unsere Alltagsaktivitäten und in unser Verhalten. Jeder Buddhist wird das aus eigener Erfahrung wissen.

Der Buddhismus als Ganzes ist sehr mit dieser grundsätzlichen Problematik befasst und die Aufmerksamkeit liegt auf der Unterscheidung, die im Buddhismus zwischen dem Pfad der Schauung und dem Pfad der Verwandlung gemacht wird. Der Pfad der Schauung repräsentiert die anfängliche spirituelle Einsicht oder Erfahrung, die eine Person auf die spirituelle Suche führt. Für eine ganze Reihe von Menschen kommt diese Einsicht oder Erfahrung spontan. Sie trifft sie plötzlich, überwältigt sie sogar: eine unerklärliche Ahnung über die Wahrheit oder zumindest über eine höhere und weitere Dimension des Seins und des Bewusstseins. Für andere mag die anfängliche Einsicht und Erfahrung Resultat von Studium sein, vielleicht während des Lesens eines Buches oder während des Nachdenkens über eine bestimmte Passage. Es mag auch während des Versuchs geschehen, den Geist während der Meditation zu konzentrieren. In der Tat kann diese anfängliche Einsicht zu jeder Zeit und an jedem Ort geschehen, auf jede Weise, entweder spontan oder in Verbindung mit einer besonderen Aktivität, ob sie nun religiös im formalen Sinne sei oder von anderer Art. Wie immer es auch geschieht, es ist das, was im Buddhismus als der Pfad der Schauung bekannt ist.

Der Weg der Verwandlung stellt die Umgestaltung des ganzen Lebens im Einklang mit dieser anfänglichen Schauung dar. Der zweite Weg ist deswegen sehr viel länger und schwieriger als der erste. In der berühmten Formulierung in Buddhas Lehre, die bekannt ist als der Edle Achtfältige Pfad, wird der Pfad der Schauung als der erste Schritt dargestellt, der am besten verstanden wird als „vollkommene Schauung", auch wenn es weniger hilfreich oft als „rechte Ansicht" oder „rechtes Verständnis" übersetzt wird. Der Weg der Verwandlung wird repräsentiert durch alle anderen sieben Schritte des Achtfältigen Pfades: vollkommene Emotion, vollkommene Rede, vollkommene Handlung, vollkommene Lebensweise, vollkommene Bemühung, vollkommenes Gewahrsein und vollkommenes *Samādhi*[1]. All diese Schritte stellen die Verfeinerung der anfänglichen Einsicht in unterschiedlichen Aspekten unseres Lebens und unserer Aktivitäten dar.

Aber warum sollte es so schwer sein, das Wissen ins Sein zu übertragen? Warum sind wir nicht alle wie Sokrates in der Lage, das Gute zu wissen und es auch sofort umzusetzen, ohne jede Unterbrechung zwischen den beiden Aspekten? Was ist es in uns, das uns davon abhält, diesen Weg der Schauung zum Weg der Verwandlung in seiner Gänze zu gehen? Es ist nicht schwierig, diese Frage zu beantworten. Die Antwort ist indirekt in einer dieser popu-

---

1 *Samādhi*: üblicherweise mit „Meditation" übersetzt, kann dieses Wort aber auch für Konzentration stehen oder (auf einer tieferen Ebene) für den Zustand, der einen in der Letztendlichen Realität fixiert oder etabliert. Für weitere Informationen vgl. Sangharakshita, Sehen, wie die Dinge sind.

lären Sprachwendungen zu finden, die manchmal eine Menge traditioneller Weisheit enthalten. Stellen Sie sich vor, jemand ist in einem Projekt engagiert, von dem er meint, dass er es tun sollte, aber er ist nicht ganz bei der Sache und macht deswegen seine Arbeit nicht besonders gut. Unter diesen Umständen sagen wir üblicherweise: "Er macht es halbherzig."

Er ist nicht mit ganzem Herzen dabei. Mit anderen Worten: er ist nicht emotional beteiligt. Die Energie hängt von Emotionen ab. Wenn es keine Emotion gibt, gibt es keine Energie, keinen Antrieb; und deswegen wird die Arbeit nicht gut gemacht. Wir können diesen Punkt aus unserer Alltagserfahrung nachvollziehen. Wenn dies aber wahr ist für unser Alltagsleben, so ist es vielleicht noch wahrer für das spirituelle Leben. Wir mögen ein bestimmtes Ausmaß an spiritueller Einsicht haben, ein bestimmtes Maß an Verständnis, sogar eine bestimmte Fülle an Erfahrung. Aber wenn es für dieses Verständnis keine emotionale Entsprechung gibt, wird es nicht in unser Leben integriert. Es ist nützlich, uns drei verschiedene Zentren vorzustellen, aus denen heraus wir funktionieren: ein Denkzentrum, ein emotionales Zentrum und ein Bewegungszentrum. (Innerhalb eines speziellen spirituellen Kontextes werden diese zu „höheren Zentren": ein höheres Denkzentrum oder sogar ein intuitives oder visionäres Zentrum; ein positives emotionales Zentrum und ein Zentrum spiritueller Praxis und Erfahrung). Dabei stellt sich heraus, dass das Denkzentrum das Bewegungszentrum nur über das emotionale Zentrum beeinflussen kann.

Das Verständnis muss sozusagen durch die Emotionen hindurch, bevor es die Art und Weise beeinflussen kann, wie wir unser Leben führen. Dieser Umstand wird durch die Strukturen des Edlen Achtfachen Pfades deutlich gemacht. Der erste Schritt ist die vollkommene Schauung. Der zweite Schritt oder Aspekt ist Vollkommene Emotion (traditionell übersetzt als „rechte Entschlossenheit"). Dadurch wird Vollkommene Emotion der erste von sieben Schritten, durch die die Verwandlung zustande kommt. Die vollkommene Schauung muss durchschritten und übersetzt werden in vollkommene Emotion, bevor sie sich als vollkommene Rede manifestieren kann, als vollkommene Handlung und all die anderen aufeinander folgenden Schritte des Weges. Die wichtige Frage ist, wie diese positive Ursachenkette zu

Stande kommen kann. Wie können wir unsere Emotionen in ein spirituelles Unterfangen einbringen? Und dies wiederum wirft weitere Fragen auf: Warum, so könnte man fragen, werden die emotionalen Energien nicht mit eingebunden? Emotionen sind sicher irgendwo in uns – was aber ist mit ihnen passiert? Warum stehen sie uns nicht sofort zur Verfügung?

Diese Fragen können sowohl allgemein als auch spezifisch beantwortet werden. Wenn wir uns zunächst den umfassenderen Fragen zuwenden, können wir sagen, dass es einen generellen Mangel an frei fließender Emotion in unserer Gesellschaft gibt, die zum Teil Resultat unserer notwendigen Sozialisation sein könnte. In einer zivilisierten Gesellschaft kann man seine eigenen groben Gefühle und Emotionen nicht ausdrücken. So könnten Sie das Gefühl haben, jemanden gern umbringen zu wollen, aber Sie können nicht einfach losgehen und das tun. Sie könnten den Wunsch haben, etwas zu stehlen; das bedeutet aber nicht, dass Sie die Freiheit haben, das auch zu tun. Ein bestimmtes Maß an Sozialisation, eine Unterdrückung der gröberen Gefühle ist notwendig. Einige der gerade wirkenden Emotionen – die sich z.B. im Verhalten der Fans beim Fußballspiel ausdrücken – müssen im Alltag unserer Gesellschaft unterdrückt werden. Das Problem ist, dass diese Unterdrückung zu solchen Extremen führen kann, dass für den größeren Teil der Menschen das emotionale Leben ganz erstickt wird – umso mehr, wenn ihre Emotionen generell ziemlich grob und unkultiviert sind. Es gibt dann vielleicht nichts, das man durchgehen lassen darf.

Um dem destruktiven Ausdruck grober Emotionen zuvorzukommen, konditioniert uns die Gesellschaft dazu, Selbstkontrolle zu entwickeln. In den meisten Fällen ist es kein Individuum, das unterdrückt wird; es ist noch keine wirkliche Individualität vorhanden. Letzten Endes streben aber Buddhisten an Individuen zu werden – d.h. über die mehr oder weniger bedenkenlose Bindung an Gruppenwerte hinauszugehen. Aber Menschen müssen positive Gruppenmitglieder sein, bevor sie Individualität entwickeln können. Jemand, dessen Emotionen eher grob und ungebärdig sind, kann damit beginnen, sie zu verfeinern, indem er ein positiv funktionierendes Mitglied einer Gemeinschaft wird, vorausgesetzt, dass die Gemeinschaft eine verhältnismäßig positive ist. Wenn Sie Glück gehabt haben mit ihrer Familie, in die Sie hineingeboren worden sind, oder der Schule, in die Sie gegangen sind, können Sie zu einem gesunden Gruppenmitglied und einem potentiellen Individuum heranwachsen, bereit für den nächsten Schritt. Aber so viele Menschen sind eher wie missgestaltete Tiere, nicht einmal verkrüppelte menschliche Wesen. Ein randalierender Rebell ist nicht notwendigerweise ein Proto-Individuum.

Wir müssen deswegen aufpassen, die Situation nicht zu romantisieren. Ein Fußball-Hooligan ist nicht jemand, der versucht, ein Individuum zu werden. Oft weist er einfach die Notwendigkeit der nötigen Beschränkungen einer positiven Gruppe zurück, als wolle er in einen Zustand animalischer Anarchie und Barbarei zurückfallen. Es ist keineswegs der Fall, dass ein solcher Mensch sich als ein gesundes Individuum entpuppen würde, wenn die Beschränkungen der Gesellschaft beseitigt würden. Das wäre die Sicht von Rousseau: dass die Organisation der Gesellschaft niederträchtig ist und das Individuum unterdrückt wird. Es gibt in der Tat Unterdrückung, aber was unterdrückt wird, ist nicht das Individuum. Wir brauchen Sozialisation, die Disziplin einer Gruppe in einem bestimmten Ausmaß, bevor sie beginnen kann, Individuen hervorzubringen. Jedoch ist es so, als ob die Gesellschaft auf einem solchen Ausmaß an Selbstkontrolle besteht, dass wir aus der Unterdrückung eine unbewusste Gewohnheit machen. Die Selbstkontrolle hört auf bewusst zu sein und wird zu einem Automatismus. Wir können sie auch dann nicht loslassen, wenn die Gesellschaft es gelegentlich erlaubt oder wenn wir uns völlig gerechtfertigte Gefühle erlauben wollen. Es passiert nur allzu oft, dass das sich entwickelnde Individuum durch zu viel Kontrolle zu sehr eingeengt wird. Wenn Individualität aufzublühen beginnt, müssen wir Disziplin, insbesondere unbewusste Disziplin, nach und nach abstreifen, um unsere echten Emotionen zu verfeinern. Ein Individuum, das emotional hoch entwickelt ist, braucht keine äußere oder gar viel innere Disziplin, um sich in positiver und hilfreicher Art zu verhalten.

Verfeinerung der Gefühle – statt Kontrolle – kann sich sogar schon in der Kindheit entwickeln, manchmal in Verbindung mit der Natur oder öfter noch in Verbindung mit Künsten. Das Kind mag etwas Verfeinertes, Musik oder Literatur, erleben und beginnen es zu genießen, obwohl dies natürlich von der Art der Literatur und von der Art der Musik abhängt. Einige Musiksorten sind spürbar feiner als andere. Junge Leute tanzen oft zu Rockmusik und scheinen wie betäubt zu sein, fast wie Roboter – nicht erhoben durch irgendeine Verfeinerung emotionaler Erfahrung, sondern eingetaucht im groben Erleben von Bewegung und Rhythmus. Es scheint dort kaum irgendein Gefühlselement zu geben, auch wenn es wahrscheinlich einen Fortschritt in Bezug auf vollkommen chaotische Energie gibt, weil sie rhythmischer ist und ein Maß an Kontrolle einschließt. Es ist zweifellos besser, auf ein Rockkonzert zu gehen als Bierflaschen herum zu werfen und Fenster einzuwerfen.

Es wird oft vermutet, dass das Leben in Großstädten es für uns sehr schwer macht, mit unseren Gefühlen in Kontakt zu bleiben. Das kann sich sicher so anfühlen, als gäbe es eine Menge Unterdrückung in Städten, aber es gibt dort auch eine Menge Freiheit. Es mag sich anhören, als seien Menschen „ohne Kontakt zur Natur", aber wir müssen vorsichtig sein, zu schnell Schlüsse zu ziehen. In der Stadt atmen sie trotzdem Luft, Sie können den Himmel sehen, es gibt zumindest einige Bäume. Kümmert sich der durchschnittliche Dorfbewohner zwangsläufig mehr um die Natur? Ich kann mich erinnern, dass einst einige Lepchas aus den Wäldern mein Tor in Kalimpong passierten. Sie schauten zu den Bergen hoch und einer sagte zum anderen: „Ich kann nicht verstehen, warum sich die fremden Besucher andauernd diese Berge anschauen. Was gibt es da zu sehen? Einfach nur ein paar Berge." Sie wären lieber jeden Tag in Kalkutta. Auch wenn das Stadtleben einige Nachteile für unsere emotionale Entwicklung bereithält, müssen wir vorsichtig sein, nicht in die „Zurück-aufs-Land"-Romantik und ins ländliche Klischee zurückzufallen. Viele Menschen, die auf dem Land leben, halten die Stadt für einen Ort der Befreiung, weg von den Einschränkungen und der Enge, der Trivialität und des Dogmatismus des Dorfes.

Die Qualität der Kontakte mit Menschen – die Anwesenheit oder Abwesenheit persönlicher Kommunikation – ist ein wichtiger Faktor. Als Faustregel gilt, dass die Emotionen wahrscheinlich eher blockiert oder die nichtblockierten Emotionen einer Person wahrscheinlich eher negativ sind, wenn die Person keine befriedigende Kommunikation mit anderen Menschen hat. Das ist das grundsätzliche Kriterium. Und Sie können Gelegenheiten für echte Kommunikation finden, ob Sie nun auf dem Dorf leben oder in der Stadt. In der Tat können Sie in der Stadt immer gleich gesinnte Menschen finden, woran auch immer Sie Interesse haben. Wenn Sie sich zum Beispiel für Malerei interessieren, können Sie wahrscheinlich Hunderte von anderen Malern in der Stadt finden, während Sie auf dem Dorf möglicherweise keine einzige Person finden, mit der Sie über das sprechen können, was Sie am meisten berührt. Aber wenn Sie in der Stadt leben und nicht irgendeine Gemeinschaft und gleich gesinnte Geister finden, können Sie sich sehr einsam und isoliert vorkommen. Die Art der menschlichen Kontakte, die Sie haben, ist möglicherweise überhaupt nicht befriedigend, und Sie könnten diese riesengroße anonyme Masse von Menschen überall um sich herum bemerken. Dadurch entsteht in gewisser Weise psychischer Druck – was keine gesunde Situation ist. Dennoch besteht in der Stadt zumindest die Möglichkeit zu intensiverem Kontakt, als Sie es wohl in einer Kleinstadt oder auf einem Dorf finden würden.

Wir müssen deswegen aufpassen, nicht einem verallgemeinerten romantischen Rousseauismus oder einem altmodischen Kommunismus aufzusitzen: der Idee, dass Menschen wirklich gute, glückliche, gesunde, positive und freundliche Menschen würden, wenn man nur die sozialen Beschränkungen wegnähme, wenn wir nur das politische System änderten, wenn man sie nur aus den großen, üblen Städten in irgendein Utopia oder Garten Eden brächte. Diese Sicht ist im Allgemeinen ungerechtfertigt. Auch wenn der Buddhismus der Ansicht ist, dass die richtigen Bedingungen Menschen dabei helfen können, sich in positiver Weise zu entwickeln, sind Veränderungen der äußeren Bedingungen nicht immer genug. Sie können manche sehr negative Menschen in scheinbar positiven Umgebungen antreffen. Das kommt daher, weil wir – biologisch gesprochen – ein tierisches Erbe in uns tragen. Wir haben tierische Instinkte, die immer noch sehr stark sind, in vielen Fällen viel stärker als alles andere in uns. Zivilisation und Kultur bilden eine sehr zerbrechliche Struktur, die der Barbarei gewissermaßen nur aufgesetzt ist. Bei unserem Vorgehen gegen das, was in der Gesellschaft falsch läuft, müssen wir aufpassen Zivilisation und Kultur nicht vollständig auszulöschen, in der Annahme, dass es darunter so etwas wie eine ursprüngliche

Unschuld gibt. Mit anderen Worten, die Bedeutung einer positiven Gruppe sollte nicht unterschätzt werden, egal wie sehr wir die spirituelle Gemeinschaft schätzen und egal wie sehr die soziale Gruppe, die wir vorfinden, zu den Idealen einer positiven Gruppe tatsächlich auflebt. Sie können nicht geradewegs von primitiver Grausamkeit in eine spirituelle Gemeinschaft hinüber gleiten. Die positive Gruppe wird gebraucht, um die Energien der Menschen positiv und konstruktiv zu sozialisieren.

Dies ist ein kurzer Blick auf den sozialen Hintergrund bezüglich der Schwierigkeit, die wir manchmal im Erleben und im Ausdruck unserer Gefühle erleben – eine Schwierigkeit, die uns davon abhalten kann, unsere Herzen dem spirituellen Leben zu widmen.

Lassen Sie uns nun weitergehen und ein wenig spezifischer darauf schauen, was passiert, wenn wir unsere Gefühle nicht ausdrücken können, und was wir tun können, um die Situation zu verändern. Nach meiner Vorstellung gibt es drei große Bereiche, warum uns unsere Gefühle nicht zur Verfügung stehen: sie können blockiert sein, sie können verschwendet werden oder sie könnten zu grob sein.

Das buddhistische Ritual der Puja ist nur eine von vielen Methoden spiritueller Praxis, das sich mit dem Problem beschäftigt, wie wir unsere Gefühle ins spirituelle Leben bringen können. Die Puja beschäftigt sich teilweise mit dem dritten Bereich, den ich erwähnt habe, der Verfeinerung emotionaler Energien. Gelegentlich mag sie auch den Effekt haben, emotionale Blockierungen zu beseitigen und die emotionale Energie davor zu bewahren, sich zu verschwenden, zumindest für die Zeit, während wir an der Puja teilnehmen. Aber die Untersuchung aller drei dieser Bereiche wird uns helfen, die spezielle Rolle des Rituals im spirituellen Leben zu verstehen. Schließlich können wir nur Energie verfeinern, die uns tatsächlich zur Verfügung steht. Wenn unsere Gefühle blockiert sind oder wir sie regelmäßig verschwenden, haben wir ziemlich wenig Energie übrig, mit der die Puja ihren verfeinernden Zauber bewirken kann.

Bezüglich der blockierten emotionalen Energie berührt Ouspensky, der Hauptschüler von Gurdjieff, einen wichtigen Punkt. In seinem Buch In Search of the Miraculous sagte er, dass Menschen auch nicht annähernd emotional genug seien. Er meint damit, dass unsere emotionalen Zentren nicht frei funktionieren. Die Emotionen fließen nicht natürlich, sie würden irgendwie blockiert. Es ist so, als wenn jemand Sand ins Getriebe geworfen hätte, vielleicht als wir jung waren. Insbesondere von den Engländern wird oft von Menschen anderer Nationen gesagt, dass sie sehr reserviert seien und insgesamt emotional ziemlich blockiert. Als Russe würde Ouspensky dieser Sichtweise sicher zugestimmt haben.

Ob die emotionale Blockierung von Engländern im Vergleich zu anderen Nationen wahr ist oder nicht, so ist sie sicherlich wahr, wenn man Erwachsene mit jungen Menschen vergleicht. Die emotionalen Zentren bei Kindern funktionieren tatsächlich üblicherweise sehr frei. Kinder sind emotional spontan, bis ihre Eltern beginnen, sie zu konditionieren. Natürlich funktioniert das emotionale Zentrum eines Kindes auf einer einfacheren Ebene, aber zumindest arbeitet es frei und natürlich. Bei Erwachsenen ist dies üblicherweise nicht mehr der Fall. Sehr oft werden die Menschen, je älter sie werden, emotional blockiert und unfähig, sich über ihr Herz auszudrücken.

Es gibt für diese Blockade verschiedene Gründe. Einer ist, dass wir uns unter Umständen jahrelang mit Routine- und mechanischer Arbeit beschäftigen müssen, Arbeit, in der wir unfähig sind, unsere emotionalen Energien unterzubringen, Arbeit, die uns schlichtweg nicht interessiert. Die Anstrengungen, die wir in diese Art von Arbeit stecken müssen, haben Belastungen und Schwierigkeiten, Spannung und Verwirrung zur Folge. Sie bauen unangenehme Reaktionen und Nachhalleffekte in uns auf. Insofern wir unsere emotionalen Energien nicht in die Arbeit stecken können, fallen wir in die alte Gewohnheit sie zurückzuhalten, bis die emotionale Energie möglicherweise erstarrt. Zuerst wird sie unbeweglich und klebrig, dann verhärtet sie sich in uns immer mehr und schließlich versteinert sie sogar, so dass wir unfähig sind, irgendeine Vitalität oder Enthusiasmus in Arbeit oder in irgendetwas anderes stecken zu können.

Manchmal entwickeln sich emotionale Blockaden einfach durch Frustration oder Enttäuschung. Viele Menschen finden im Laufe ihres Lebens nie wirklich positive oder kreative Wege für ihre Emotionen, weder durch Arbeit noch durch Freundschaft oder durch sonst was. Einige Menschen wiederum haben Angst, wegen ihrer Emotionen verletzt zu werden, so dass sie nicht das Risiko auf sich nehmen, ihre emotionalen Energien fließen zu lassen. Sie behalten sie sicherheitshalber für sich.

Das Fehlen jeglicher echten Kommunikation mit anderen Menschen ist ein weiterer wichtiger Grund für blockierte Emotionen. Es ist gut möglich, viele Menschen zu kennen oder viele Bekanntschaften zu haben, ohne jemals jemandem wirklich zu begegnen. Wenn wir dann einmal die Möglichkeit für echte Kommunikation bekommen, so ist das Resultat oft ein Gefühl von emotionaler Befreiung, als würde Energie aus uns hinaus fließen. Aber paradoxerweise fühlen wir uns nicht erschöpft durch das Hinausfließen von Energie – wir fühlen uns vielmehr voller Energie. Manche Menschen aber bekommen nie die Möglichkeit für diese Form der Beziehung. Sie mögen zwar versuchen zu kommunizieren, aber stoßen auf eine Art leere Wand. Es gibt keine Resonanz, woraufhin ihre Energie aufs Neue blockiert wird, und sie sich durch die ganze Erfahrung verarmt fühlen.

Die falsche Art der Konditionierung, insbesondere die falsche Art religiöser Konditionierung, ist ebenso verantwortlich für einen großen Teil unterentwickelter Emotion. Die orthodoxe Lehre im Christentum über Moral und insbesondere über Sexualität ist ein besonders hervorstechendes Beispiel. Die meisten Menschen im Westen sind ihr zu einer gewissen Zeit ausgesetzt gewesen, üblicherweise als sie jung waren.

Abschließend kann man sagen, dass eine große Anzahl von Menschen im Westen heute als emotional blockiert beschrieben werden kann. Es gibt keinen freien Energiefluss für Emotionen und so verarmen wir nicht nur spirituell, sondern sogar auf der psychologischen, der gewöhnlichen menschlichen Alltagsebene.

Zum Glück können diese emotionalen Blockaden beseitigt werden. Als ersten Schritt können wir größere Selbstkenntnis entwickeln. Natürlich mag sich niemand von uns als emotional blockiert sehen. Wir mögen uns lieber als jemanden sehen, der freundlich ist, aus sich heraus kommt und spontan ist. Aber aller Wahrscheinlichkeit nach ist der einzige Weg, den wir gehen können, um diese Dinge tatsächlich zu sein, – verbunden mit dem ersten Schritt – zu erkennen, dass wir nichts von alledem sind; dass wir tatsächlich – fast alle von uns – chronisch blockiert sind, so dass wir nicht in vollem Ausmaß unsere emotionalen Kräfte ausdrücken können. So unbequem es auch sein mag, müssen wir dieser Tatsache ins Gesicht sehen. Weiterhin müssen wir versuchen zu verstehen, warum das so ist – nicht auf intellektuellem Wege, indem wir Bücher über Psychologie lesen, sondern im Versuch, wie es praktisch geschieht, dass unsere Gefühle keinen Ausdruck finden; dass sie unbemerkt bleiben, manchmal sogar vor uns selbst.

Manchmal verschwinden emotionale Blockaden automatisch im Zuge der Meditationspraxis. Auch wenn wir darüber überhaupt nichts wissen, widerfährt einem auf diesem Wege sehr oft eine Erleichterung. Dies geschieht manchmal während einer Meditationssitzung, wenn jemand anfängt zu weinen, vielleicht sogar bitterlich schluchzend: Es ist die Entspannung, die Auflösung einer emotionalen Blockade, zumindest in einem gewissen Ausmaß. Es ist eine sehr positive Sache, wenn das geschieht.

Einige Menschen finden Kommunikationsübungen sehr hilfreich. Wie es bei Triratna praktiziert wird, braucht man für diese Kommunikationsübungen zwei Menschen, die einander gegenüber sitzen. Nachdem man sich gegenseitig für einige Minuten einfach nur angesehen hat, wiederholt einer von ihnen einige vorbestimmte Redewendungen (z.B. „der Himmel ist heute blau"), auf die der Andere mit „Ja", „o.k." oder „das stimmt" antwortet. Dann tauschen sie die Rollen und wiederholen diese Übung und beenden sie mit einer weiteren Phase, in der sich beide nur einfach anschauen. Ziel ist es, soziale Hemmungen durch Kommunikation zu überwinden. Am Ende solcher Übungen fühlen sich Menschen oft emotional befreit, so als ob Energie aus ihnen hinaus fließen würde. Sie fühlen sich stimuliert, vitaler und lebendiger als vorher, weil ein Stück ihrer blockierten Energie befreit wurde. Auf diesem und vielen anderen Wegen wird vormals blockierte Energie für die bewusste Psyche als Ganzes verfügbar.

Aber auch wenn die Emotionen nicht blockiert sind, kann es sein, dass emotionale Energie nicht zur Verfügung steht, weil sie verschwendet wird. Wir verschwenden sie die ganze Zeit, indem wir in negativen Emotionen schwelgen, wie zum Beispiel Furcht, Hass, Eifersucht, Selbstmitleid, Schuldgefühlen, Angst usw.. Es gibt nichts Gutes in irgendeiner dieser negativen

Emotionen. Sie sind völlig nutzlos und tatsächlich gefährlich. Aber sie geistern in den meisten Menschen die meiste Zeit herum. Aber sie geistern nicht nur herum; sie finden auch regelmäßig verbale Ausdrucksformen, die unsere positive Energie beiseiteschieben. Kein Wunder, dass wir uns oft schwach und erschöpft fühlen. Es gibt zum Beispiel Menschen, die die ganze Zeit nur nörgeln. In Großbritannien ist es Tradition, über das Wetter zu nörgeln. Wenn es regnet, sollte es natürlich nicht regnen, unabhängig davon, wie gut Regen für das Getreide der Bauern ist. Falls es heiß ist, dann ist es natürlich zu heiß; aber wenn es kalt ist, ist es natürlich zu kalt. Wenn man das Wetter zum Prügelknaben für unsere unbewussten negativen Emotionen macht, machen wir die Nörgelei zur Gewohnheit. Manche Menschen maulen nicht nur über das Wetter, sondern über fast alles. Mit nichts zufrieden, befinden sie sich in einem Zustand andauernder Verstimmung. Dies ist nichts weiter als der Ausfluss negativer Emotion.

Ein anderes allgemeines Beispiel dieser Art emotionaler Armut bezieht sich auf beißende Kritik. Es gibt Menschen, die genial darin sind, Fehler zu finden. Wie gut auch immer etwas sein mag oder wie erfolgreich sich etwas herausstellt, sie schaffen es immer, irgendetwas zu finden, was falsch ist. Nichts ist wirklich befriedigend. Alles ist irgendwie unangemessen. Unnötig zu sagen, dass ich hier nicht von objektiver, unparteiischer Kritik spreche, was etwas ganz anderes ist – und unglücklicherweise ziemlich selten. Jemand, der notorisch kritisiert, drückt unausweichlich negative Emotionen aus.

Das nächste „verbale Leck", das ich erwähnen möchte, hat im Englischen keinen vernünftigen Namen, deswegen nehme ich mir die Freiheit, einen Begriff dafür zu prägen: dismal-jimmyism – Schwarzmalerei. Während des Zweiten Weltkrieges war dies offiziell bekannt als „Angst und Schrecken verbreiten", und in jenen Tagen war das ein strafbares Vergehen. Ein Unruhestifter konnte für ein solches Delikt vor die Obrigkeit geschleppt werden. Vielleicht wäre es eine gute Idee, wenn dies weiterhin ein Vergehen wäre. Ein Schwarzmaler redet immer Katastrophen herbei und übertreibt Schwierigkeiten. Er oder sie denkt, dass nichts richtig werden kann, versichert Ihnen, dass Sie unmöglich Erfolg haben können, vermiest Ihnen immer all Ihre schönen Pläne. Und selbst wenn Sie Erfolg haben, wird eine solche Person üblicherweise den Kopf schütteln und bemerken: „Es wäre viel besser gewesen, wenn es Ihnen misslungen wäre."

Es gibt eine Form des verbalen Ausdrucks, die sogar noch gefährlicher ist: Geschwätz. Geschwätz ist eine der bekanntesten Ausdrucksformen negativer Emotion und auch eine der gefährlichsten. Geschwätz ist selten unschuldig. Es mag aber ziemlich unschuldig beginnen: „Was denkst du über den alten So-und-so – wie geht es ihm?" Aber innerhalb einer halben Minute recken Sie sich schon die Hälse dabei, Geschichten und Einflüsterungen der schlimmsten Sorte zu erzählen. Heimtückisches Geschwätz zu verbreiten ist innerhalb der Gesellschaft wirklich wie Gift zu verspritzen. Es ist etwas, das wir unter allen Umständen vermeiden sollten.

Schließlich gibt es noch eine andere allzu vertraute Variante der Negativität: das Gezeter. Dies geschieht fast unvermeidlich zwischen Eheleuten und dafür gibt es einen einfachen Grund. Wenn man dies mit irgendwem sonst versuchen würde, würde diese Person sofort weggehen, aber ein Ehemann und seine Frau sind aneinander gebunden und können nicht entkommen. Traditionell ist es natürlich die Frau, die zetert, aber ich vermute, dass das Zetern bei Ehemännern genauso allgemein vorkommt. Nicht endendes Gezeter – und einige Menschen halten sich stundenlang daran fest, Tag für Tag, Woche für Woche – ist psychologisch sehr zermürbend. Um ein bisschen provokativ zu sein, würde ich so weit gehen zu sagen, dass gewohnheitsmäßiges Gezeter viel schlimmer ist als gelegentlicher Ehebruch.

Dies sind einige der häufig vorkommenden verbalen Ausdrucksformen negativer Energie: Nörgeln, beißende Kritik, Panikstimmung machen, Geschwätz und Gezeter – eine furchtbare Sammlung. Das einzige, was wir dagegen tun können, ist damit aufzuhören. Wenn Sie beginnen, für sich Ausreden zu finden, haben Sie sich ihnen schon ergeben. Machen Sie also keine Ausflüchte. Ein französischer Dichter soll einmal gesagt haben: „Nehmen Sie die Rhetorik und drehen Sie ihr den Hals um." Wir könnten das gleiche sagen über diese verbalen Auswüchse: Nehmen Sie sie und drehen Sie ihnen den Hals um. Um das zu tun, brauchen wir natürlich andauernde Aufmerksamkeit auf uns selbst, damit wir dies nicht unabsichtlich tun, einfach aus der puren Kraft der Gewohnheit zu nörgeln oder zu schwatzen oder irgendetwas vom Rest. Wenn Sie sie an der Wurzel packen können, wird eine große Menge Energie gespart. Und manchmal werden wir finden, dass es das Beste ist, einfach nichts zu sagen.

Eine Menge Menschen erleben während der Meditation, dass sie einen Zuwachs an Energie bemerken, wenn es ausgedehnte Schweigezeiten auf Meditationsretreats gibt. Sie fühlen sich lebendiger. Der Grund liegt darin, dass das Sprechen selbst bereits anstrengend ist, aber vielleicht eher noch mehr, weil das, was wir sagen, oft Ausdruck negativer Emotionen ist, die Energie verschwendet und vertreibt. Deswegen ist Schweigen eine sehr wichtige spirituelle Disziplin, ob nun im Buddhismus, Hinduismus oder im Christentum. In allen großen spirituellen Traditionen wird das Schweigen als wichtig empfunden, wenn nicht als unverzichtbar für Menschen, die ein spirituelles Leben führen möchten. In Pali und Sanskrit gibt es ein Wort, *muni*, das sowohl für den schweigenden als auch für den weisen Mann benutzt wird. Natürlich ist der „weise Mann" nicht still, weil er dumm ist oder unkommunikativ. Auch ist ihm nicht unwohl, wenn nichts gesagt wird. Er ist nicht der Mensch, der sich berufen fühlt zu rufen: „Heute sagt ja niemand etwas!" Deswegen ist die schweigsame Person oft eine weise Person, nicht zuletzt deswegen, weil er oder sie es vermeidet, Energie durch negatives Geschwätz zu verschwenden.

Der dritte Grund, warum emotionale Energie für das spirituelle Leben nicht verfügbar ist, liegt oft in unserer groben Sprache. Das höhere Denken, Intuition und die spirituelle Vision können sich nur durch höhere Emotionen ausdrücken. Die allgemeine positive Emotion muss deswegen verfeinert und sublimiert werden. Es gibt drei prinzipielle Wege, um das zu tun: erstens durch Vertrauen und Hingabe; zweitens durch die feinen Künste und drittens, vielleicht am effektivsten, aus einer Kombination der beiden.

Uns vollständig die Erlaubnis zu geben, uns selbst zu erleben und uns auszudrücken, was immer wir an Gefühlen von Vertrauen und Hingabe gegenüber unserem spirituellen Ideal haben, kann sehr nützlich sein. Mit Vertrauen und Hingabe meine ich das, was im Buddhismus generell als śraddhā bezeichnet wird. Dieser Begriff wird üblicherweise übersetzt mit „Vertrauen", auch wenn dies nicht ganz präzise ist. Das Wort *śraddhā* stammt aus einer Sanskritwurzel, die „das Herz setzen auf" bedeutet, und es repräsentiert unsere ganze emotionale Antwort auf eine höhere Realität, auf die spirituelle Wahrheit. Es ist wichtig, den Unterschied zwischen śraddhā im buddhistischen Sinne und der Art religiösen Glaubens zu verstehen, der in den Augen so vieler Westlerin Verruf geraten ist.

Vertrauen nimmt einen wichtigen Platz in allen traditionellen Religionen ein. Die Mehrzahl der Anhänger dieser Religionen verstehen ihre Religion nicht im intellektuellen Sinne, aber trotzdem haben sie Vertrauen und Hingabe und dieses Vertrauen gibt den traditionellen Religionen ihre organisatorische Stärke – als Abgrenzung von ihrer spirituellen. Aber unglücklicherweise wirkt dieses Vertrauen nicht auf das höhere Denkzentrum, das mehr oder weniger inaktiv bleibt. Mit anderen Worten, das übliche Vertrauen und die Hingabe sind nicht generell verbunden mit höheren spirituellen Visionen oder Einsichten. Sie funktionieren nach ihrer eigenen Dynamik und gehen ihre eigenen Wege. Es geschieht vielmehr oft, dass das emotionale Zentrum selbst versucht, die Arbeit des höheren Denkzentrums zu übernehmen. Als Resultat haben wir anstelle des Wissens lediglich Glauben. Glaube schließlich verhärtet unvermeidlich zum Dogma; und ein Dogma wird mit der Zeit unvereinbar mit der Vernunft.

Dies geschieht vor allem in der modernen Welt – im Falle der Religion des Westens mit dem Christentum. Deswegen werden moderne westliche Menschen recht misstrauisch gegen jede Form, die nach Vertrauen und Hingabe schmeckt. Sie reagieren auf das unrechtmäßige Funktionieren von Vertrauen und Hingabe, gegen die Vereinnahmung der Funktionen des höheren Denkzentrums durch das emotionale Zentrum. So kommt es, dass Menschen sich dem Buddhismus zuwenden, Meditation praktizieren und den Dharma studieren, sich selbst Buddhisten nennen, aber immer noch Widerstand gegen Vertrauen und Hingabe haben, und gegen alles, was damit verbunden ist. Dieses Thema werden wir weiter im Kapitel 2 erforschen.

Die zweite Möglichkeit, die emotionalen Energien zu verfeinern, liegt in den Schönen Künsten: das Erfreuen an Gedichten, an Musik, vor allem klassischer Musik, Malerei usw.. Für viele Menschen heutzutage ist dies der einfachste, wie auch der natürlichste und erfreulichste Weg, emotionale Energien zu verfeinern. Ich würde so weit gehen zu sagen, dass für viele begabte Menschen die eine oder andere der Schönen Künste fast als Ersatz für Religion funktioniert. Menschen, die nicht im Traum daran denken würden, an einem Gottesdienst teilzunehmen, mögen aber keinen Widerstand haben, zum Beispiel eine Messe von Bach oder Mozart in der Kirche zu hören. Der musikalische Ausdruck von Gefühlen der Hingabe wirkt auf die Besucher und sie antworten darauf auf eine Weise, wie sie es innerhalb eines formalen religiösen Rahmens unmöglich fänden.

Schließlich können die emotionalen Energien durch eine Kombination von Vertrauen und Hingabe mit einer oder mehrerer der Schönen Künste verfeinert werden. Solch eine Kombination von Hingabe und Poesie ist das, was wir in Praktiken wie der Siebenfältigen Puja erleben. Die Siebenfältige Puja[2] ist ein Ritual der Hingabe, bei der wir gemeinschaftlich verschiedene spirituelle Emotionen wecken. Diese Emotionen entstehen als Antwort auf unsere gemeinsamen Ideale und geteilten Schau der Realität, wie sie durch die drei Juwelen repräsentiert werden: den Buddha, den Dharma und den Sangha. Im Falle der Siebenfältigen Puja, die wir bei Triratna praktizieren, geschieht das durch ausgewählte Verse der wunderschönen Poesie des großen Weisen Śāntideva.

Der Ursprung, die Bedeutung und die Praxis der Siebenfältigen Puja werden in den Kapiteln 3 bis 13 ausführlich und abschnittweise besprochen. Auch wenn diese Kapitel zu erklären versuchen, was erklärt werden kann, betone ich, dass nur die eigene Teilnahme an einer Puja uns ihre wirkliche Wertschätzung der Bedeutung und der Wirkung verleihen kann. Die Siebenfältige Puja verbindet Vertrauen und Hingabe mit Poesie und manchmal mit einem Element sichtbarer Schönheit – und in einigen buddhistischen Traditionen mit Musik. Wenn wir sie selbst feiern, erleben wir, dass unsere emotionalen Energien in einem bestimmten Maße verfeinert werden. Wenn dies geschieht, wird es für die Schau und Einsicht des höheren Denkzentrums möglich, durch diese verfeinerte, sublimierte emotionale Energie

---

2 Puja: The FWBO Book of Devotional Texts (Windhorse, Birmingham 1999) enthält den Text der Siebenfältigen Puja, der Einfachen Puja und andere Verse der Hingabe, Mantren und Rezitationen, die bei Triratna benutzt werden. Die deutsche Übersetzung der Siebenfältigen Puja finden Sie im Anhang.

direkt im Bewegungszentrum zu handeln. Auf diese Weise wird das ganze Leben vollständig transformiert.

2. Die Psychologie des Rituals

Bevor wir uns nun eingehend mit dem Ritual der Siebenfältigen Puja beschäftigen, möchte ich vorab etwas über Rituale allgemein sagen. Wie ich bereits im vorherigen Kapitel anmerkte, sind in der letzten Zeit auffallende Widerstände zu beobachten, die sich gegen alles richten, was einen gewissen Beigeschmack von Vertrauen und Hingabe (Verehrung) hat. Dies wurde teilweise dadurch verursacht, dass der volkstümliche Glaube von dem getrennt wurde, was ich die „höhere geistige Fähigkeit" genannt habe, wodurch er für den Intellekt unannehmbar geworden ist. Hier wird die ganze Einstellung zu Vertrauen und Hingabe in Verruf gebracht und somit auch die Ausübung von Ritualen. Aber leider muss hier ebenfalls angemerkt werden, dass die ablehnende Haltung gegenüber Vertrauen, Hingabe und Ritual bei den meisten Menschen nicht von ihrem eigenen ernsthaft suchenden, von der Vernunft geleiteten Streben herrührt. Es ist eher eine übernommene Sichtweise, ein Teil ihres derzeitigen Zustandes, der nicht über mehr intellektuelle Legitimität verfügt als der „blinde Glauben", auf den sie hinab schauen.

Bevor wir ein Ritual ablehnen, sollten wir darüber nachdenken, welche Bedeutung es hat. Was bringt das Ritual wirklich zum Ausdruck? Was ist sein Ziel? Es scheint, dass Rituale als Auswüchse der Religion angesehen werden. Manche Menschen haben eine sehr einfache Vorstellung von der Geschichte der Religion. Sie betrachten Religion als eine anfangs unberührte, einfache und reine Lehre, die im Laufe der Jahrhunderte verarmt ist, dabei mit vielen unnötigen Ritualen und Dogmen beladen wurde und von Zeit zu Zeit von ihnen befreit werden muss. Menschen, die so denken, sehen Rituale nicht als eigentlichen Kern der Religion, sondern als etwas, das später hinzugefügt wurde und ohne die man besser dran wäre – vielleicht werden sie sogar als etwas Gefährliches betrachtet.

Andere wiederum betrachten Rituale als eine Art soziokulturelles Verhalten, das aus primitiven Zeiten übrig geblieben ist. Sie stellen sich Stammesgemeinschaften vor, die nachts um ein Feuer tanzen und dazu womöglich ihre Speere schwingen. Sie sind der Meinung, dies sei die primäre Form des Rituals, und dessen Überbleibsel hätten sogar im modernen Leben und den höheren Religionen überlebt. Nach dieser Ansicht gehören der Tanz um den Maibaum und die Teilnahme an einer Messe gleichermaßen zu den übrig gebliebenen rituellen Formen.

Diese besonders ablehnenden Ansichten gegenüber dem Ritual beginnen sich in radikale Kreise zu verlagern, jedoch bleiben sie immer noch weit verbreitet – auch unter Buddhisten, besonders im Westen. Seltsamerweise sind einige westliche Buddhisten der Ansicht, dass es im Buddhismus kein Ritual gibt. Dies ist mit Sicherheit einer der Gründe dafür, warum sie sich zum Buddhismus hingezogen fühlen – oder zu dem, was sie für Buddhismus halten.

Es stimmt, dass es höhere Bewusstseinsebenen gibt, in denen die Notwendigkeit von Ritualen überwunden ist, wo unser spirituelles Streben unser Wesen so stark ausmacht, ganz rein und klar, dass es sich bloß spirituell und mental ausdrückt und die physische Ebene hinter sich lässt. Wenn jene, die die Teilnahme an einem Ritual meiden, solche Bewusstseinsebenen erreicht haben, ist es gut. Wir dürfen aber diese höchste positive Entwicklungsstufe nicht mit dem weitaus üblicheren Lernprozess verwechseln, der bei jemandem zu erkennen ist, der aufgrund von Ängsten und Missverständnissen Hemmungen hat, sich rituell auszudrücken.

Der traditionelle Weg der östlichen Buddhisten beginnt mit Verehrung und Hingabe. Buddhisten, die nicht in der Lage sind, den Vorsätzen[3] zu folgen, geschweige denn über den Dharma zu meditieren oder zu reflektieren, sind zumindest in der Lage, an einer Puja teilzunehmen und dem Buddha Blumen darzubringen. Im Westen jedoch neigen wir dazu, unseren Weg zur

---

3 Die Fünf Vorsätze sind „Übungsregeln", deren Rezitation – zusammen mit den drei Zufluchten (vgl. Kapitel 8) – formal anzeigt, dass jemand ein Buddhist ist. Buddhisten versuchen, die Vorsätze in ihrem Leben zu beachten.

verehrenden Übung durch Meditation und Studium zu erarbeiten. Vor allem die protestantische Religion wertet das Ritual von Anfang an ab. Und in noch extremerer Form, wie zum Beispiel im Quäkertum, ist es den Menschen erlaubt, sich zum christlichen Glauben zu bekennen, ohne dass sie in irgendeiner Form ihre Hingabe ausdrücken müssen. Es ist selbstverständlich notwendig, einfachen emotionalen Tricks zu widerstehen. Manchmal kann es sogar notwendig sein, sich von einem Ritual der Hingabe eine Weile zurückzuziehen, wenn man Probleme damit hat. Bedauerlich ist aber, dass wir im Westen gerne der Ansicht sind, dass wir uns alle gemeinsam über das Ritual hinaus entwickelt haben.

Meiner Meinung nach gibt es zwei wesentliche geschichtliche Ursprünge für die gegenwärtige Abwertung des Rituals. Zum einen liegt er im klassischen Rationalismus und zum anderen in der frühen Psychoanalyse.

Der Rationalismus, der bis in das 18. Jahrhundert zurückreicht, versuchte die Religion zu einer persönlichen und gesellschaftlichen Sittenlehre herabzusetzen, indem er alles Übernatürliche, Metaphysische abschaffte, also alles, was äußerst spirituell war. In seinen frühen Zeiten war der Rationalismus, wie der Name schon sagt, allen nicht-rationalen Elementen feindlich gegenüber eingestellt. Im 18. und 19. Jahrhundert wussten die Menschen noch nichts vom Unbewussten, so dass es für die Rationalisten und großen Denker des Aufklärungszeitalters in Frankreich, England und Deutschland recht einfach war, alle nicht-rationalen Aspekte der Religion abzuwerten. Sie waren besonders gegen farbenprächtige Elemente des Rituals und gegen jegliche religiöse Dogmen. Heute leben wir immer noch mit diesem Erbe des Rationalismus und seiner abwertenden Einstellung des 18. Jahrhunderts.

Einen weitaus moderneren Einfluss auf unser Denken nimmt die Psychoanalyse aus dem frühen 20. Jahrhundert. Es scheint ein wenig ungewöhnlich, dass sich die Psychoanalyse mit dem Ritual befasst. Aber tatsächlich tauchte dieses Interesse schon in den frühen psychoanalytischen Studien über das Verhalten neurotischer Patienten auf. Man fand heraus, dass einige Neurotiker persönliche Rituale ausführten, die in vielen Fällen mit der Glaubensrichtung des Patienten und ihrer Ausübung in keinerlei Verbindung standen, obwohl sie in vielerlei Art an religiöse Rituale erinnerten. Ein sehr bekanntes Beispiel ist das individuelle Ritual des zwanghaften Waschens. Es gibt Neurotiker, die den dringenden Zwang verspüren, sich alle zehn Minuten die Hände zu waschen – ebenso können sie in allen anderen Aspekten der Reinlichkeit und Hygiene zwanghaft werden. Die frühen Psychoanalytiker erkannten schnell, dass dieses offensichtlich neurotische persönliche Ritual bestimmten religiösen Ritualen ähnlich ist, besonders denen der Reinigung, die bei fast allen Regionen eine Rolle spielen. Nachdem sie diese Ähnlichkeit erkannt hatten, zogen sie daraus den Schluss, dass das religiöse und das neurotische Ritual sehr eng miteinander verbunden sind.

Dies hatte zur Folge, dass die Pioniere der Psychoanalyse dazu neigten, alle religiösen Rituale als zwanghaft und neurotisch einzustufen. Die Psychoanalyse war in ihren Anfangszeiten eine sehr selbstbewusste Bewegung. In der ersten Begeisterung früher Erfolge entstanden stark verallgemeinernde Behauptungen und voreilige Schlussfolgerungen, die später zurückgenommen oder modifizieren werden mussten – dies war eine davon. Während der Entwicklung des psychoanalytischen Denkens waren Größen wie C. G. Jung oder Erich Fromm empfänglicher für das religiöse Ritual als Freud es gewesen war.

Ein anderer Faktor im Buddhismus und seine Haltung dem Ritual gegenüber sorgte besonders in Großbritannien für Verwirrung. Die ersten buddhistischen Texte aus dem Pali-Kanon wurden im späten 19. Jahrhundert von Gelehrten aus der protestantischen Tradition des Christentums übersetzt. Zu jener Zeit verkündeten religiöse Gemeinschaften in England den „ritualistischen Gegensatz" zwischen der anglikanischen Hochkirche der Oxford-Bewegung, die versuchte, das Ritual in der englischen Staatskirche und den extremeren Mitgliedern des protestantischen Flügels der Kirche, wiederzubeleben. Die protestantischen Vereinigungen gingen sogar so weit, Verfolgungen gegen den „katholisierenden" Klerus auszusprechen, der versuchte, Rituale einzuführen, die streng genommen nicht von der Liturgie der englischen Hochkirche genehmigt worden waren (und somit auch nicht vom Parlament).

Die protestantischen Pali-Gelehrten jener Zeit konnten nichts dafür, dass sie von den vorherrschenden religiösen Haltungen beeinflusst worden sind.

Sie lasen in Pali-Texte Einstellungen hinein, die nicht wirklich dort geschrieben waren, sondern lediglich Auslegungen sind. Dies gilt zum Beispiel für die dritte der Zehn Fesseln, die uns an Saṁsāra ketten und uns davon abhalten Nirvāṇa zu erkennen. Diese dritte Fessel ist als *śila-vrata-parāmarśa* bekannt und wurde mit „Anhaften an Riten und Gebräuchen" übersetzt. Mit anderen Worten ergab sich der Eindruck, dass der Buddha in Bezug auf Riten und Zeremonien eine protestantische Haltung, im Gegensatz zur katholischen, eingenommen hätte. Wenn wir aber das Original näher betrachten, erkennen wir, dass Riten und Zeremonien gar nicht wirklich gemeint sind. Śīlas sind ganz einfach ethische Regeln wie in *panca-śīla*, die fünf ethischen Vorsätze. Vrata bedeutet wörtlich „Schwur/Gelübde." Zu Zeiten des Buddhas wurde dieses Wort oft bei vedischen religiösen Bräuchen benutzt. Pāramarśa bedeutet Abhängigkeit im Sinne von Festhalten und Anhänglichkeit, etwas als Selbstzweck zu behandeln und nicht als Mittel zum Zweck. Somit bedeutet *Śīlavrata-Pāramarśa* „Anhaften an ethischen Regeln und religiösen Bräuchen" in jeglicher Art und Weise, die als Selbstzweck betrachtet werden. Die Fessel besteht darin, diese Dinge eher als Zweck und nicht als Mittel zum Zweck zu behandeln. Wir können schließen, dass das, was der Buddha mit der dritten Fessel meinte, das war, was wir heute irrationales Anhaften an rituellen und religiösen Übungen im Allgemeinen nennen würden.

Wie bei allen anderen Religionen ist das Ritual ein wesentlicher Bestandteil des Buddhismus, ein wesentlicher Bestandteil jeder buddhistischen Schule, sei es nun die tibetische, Zen- oder die Theravāda-Schule. Einige vergleichen den Theravāda-Buddhismus gerne mit – sagen wir – dem tibetischen Buddhismus, wobei sie andeuten, dass es im Theravāda-Buddhismus keine Rituale gebe, wohingegen der tibetische Buddhismus voll davon sei (in der Annahme, dass das Ritual eine Entartung darstellt). Diese Ansicht ist jedoch ziemlich unangebracht. Wie jede andere Form des Buddhismus ist der Theravāda-Buddhismus voller Rituale.

Ich erinnere mich zum Beispiel daran, wie ich vor Jahren den Zahnreliquien-Tempel in Kandy, Sri Lanka besuchte. Von dem Tempel glaubte man, er enthielte den Zahn Buddhas, und dort wurden jeden Morgen mannigfache Rituale durchgeführt. Der Zen-Buddhismus in China und Japan ist ebenfalls voller Rituale. In einem Zen-Kloster wird die Zeit nicht nur mit Meditieren verbracht. Es gibt dort zahlreiche Rituale, die ausgeübt werden können: das Singen der *Sūtras*, das Rezitieren der Mantras und viele Verbeugungen. Dies mag manche Zen-Anhänger im Westen ziemlich schockieren.

Was die Bedeutung des Rituals angeht, heißt dies natürlich nicht, dass sich die Schulen nicht unterscheiden. Ich würde sagen, dass das Ritual besonders im tibetischen Buddhismus eine viel größere symbolische und spirituelle Bedeutung hat, während das Ritual in den Theravāda-Ländern eher in eine zeremonielle Richtung geht als zu einem richtigen Ritual. Hier ist es nicht so stark in die überlieferten Lehren integriert.

Ich denke, der springende Punkt ist der, dass wir uns im Buddhismus nicht vom Ritual entfernen können und dies auch nicht versuchen sollten. Stattdessen sollten wir versuchen zu verstehen, was Ritual wirklich bedeutet. Erich Fromm, der als erster den psychoanalytischen Unterschied zwischen rationalem und irrationalem Ritual bekannt gemacht hat, hat eine ausgezeichnete Erklärung für das rationale Ritual, nämlich es als „gemeinschaftliche Handlung, Ausdruck gemeinsamen Strebens, in gemeinsamen Werten verwurzelt" zu verstehen. Jedes Wort dieser Erklärung ist bedeutungsvoll und wert, eingehender darauf einzugehen.

Zuallererst ist das Ritual eine „gemeinschaftliche Handlung." Die Tatsache, dass es sich beim Ritual um eine Art Handlung handelt, wird dem traditionellen, buddhistischen Wort für Ritual, *kriya*, entnommen, was tatsächlich „Handlung" bedeutet – es ist etymologisch mit dem Wort karma verbunden, das Handlung eher im ethischen und psychologischen Sinn bedeutet. Somit ist *kriya* oder das Ritual etwas, was getan wird. Es ist eine Handlung, und diese Tatsache sollte uns daran erinnern, dass Religion – das spirituelle Leben – nicht nur eine Sache der Gedanken und Gefühle ist, sondern auch eine Sache der Handlung: also beides, eine moralische und rituelle Handlung. In der buddhistischen Tradition ist die menschliche Natur dreifältig: Körper, Rede und Geist bilden gemeinsam unsere gesamte Persönlichkeit. Die Religion, die sich mit unserer gesamten Persönlichkeit befasst, muss für alle drei sorgen – und um den Körper mit einzubeziehen, muss sie Handlung mit sich bringen.

Im Westen streben wir nur zu häufig zu einseitig zum Buddhismus. Wir picken uns das heraus, was uns am besten passt. Das Ergebnis jedoch ist, dass ein Teil von uns nie in unsere Übung mit einbezogen wird. Wir können meditieren und studieren, aber wenn wir Hingabe und Ritual dabei auslassen, ist ein Teil von uns nicht beteiligt. Im Westen brauchen wir eine buddhistische Tradition, die nicht nur den Kopf und das Herz mit einbezieht, sondern auch den Körper und die Rede.

Das Ritual ist nicht nur Handlung, sondern ist eine gemeinschaftliche Handlung, die gemeinsam mit anderen durchgeführt wird. Hier kommen wir zu einem bedeutenden Unterschied zwischen dem irrationalen oder zwanghaften Ritual und dem rationalen. Das neurotische Ritual führt zur Isolation des Menschen. Zum Beispiel ist das Waschen der Hände alle zehn Minuten etwas, was alleine getan wird und die Person nicht näher mit anderen Menschen zusammenbringt – eher im Gegenteil. Das rationale Ritual jedoch führt Menschen eher zusammen, und das nicht nur körperlich. Der Sinn des Zusammenseins kann und sollte auch spirituell sein.

Bei einem Ritual sollten wir unsere gemeinsame spirituelle Geisteshaltung feiern. Deshalb ist ein Gefühl der Verbundenheit von besonderer Bedeutung, das heißt, dass das Ritual einen Geist von *mettā* (liebevolle Güte) und Solidarität einschließt. Sind diese gegenwärtig, ist es möglich, eine sehr kraftvolle spirituelle Atmosphäre zu schaffen.

Über das rationale Ritual erklärt Fromm weiter, es sei „Ausdruck gemeinsamen Strebens." Das Ritual drückt ein Streben aus. Es ist etwas, bei dem wir uns selbst bemühen – jedenfalls im Buddhismus. Es ist also nicht so, dass etwas für uns durchgeführt wird, sagen wir von einem Priester. Wir lehnen uns nicht einfach zurück und beobachten, wie das Ritual für uns verrichtet wird. Bei dieser Art Ritual handelt es sich um einen Rückschritt. Ein bedeutungsvolles Ritual ist eine Angelegenheit des Strebens und des Einsatzes. Es ist Teil der sādhana des praktizierenden Buddhisten, seiner spirituellen Übung, seines spirituellen Einsatzes. Das Ritual ist nichts für faule Leute. Jeder, der meint, ein Ritual sei ein angenehmer Ersatz für die anspruchsvolleren Methoden der spirituellen Übung, hat nicht erlebt, wie es ausgeführt werden sollte.

Ein guter Ritualist zu sein, ist mindestens genauso schwierig wie zu unterrichten oder zu meditieren, wenn nicht noch schwieriger. Ein guter Ritualist muss sehr achtsam sein. Jeder Satz und jede Handlung muss in der richtigen Reihenfolge und in der richtigen Art und Weise durchgeführt werden. Häufig werden mehrere Dinge gleichzeitig durchgeführt. Dabei muss man einen kühlen Kopf bewahren.

Ebenso bedarf das Ritual einer Aufmerksamkeit fürs Detail: es muss darauf geachtet werden, dass die Opferschalen mit Wasser gefüllt sind, Räucherstäbchen vorhanden sind, die Kerzen brennen und dass Blumen entsprechend angeordnet sind. Für ein umfangreiches Ritual sollte immer ein Experte hinzugezogen werden. Als ich in Kalimpong lebte, lud ich meinen Freund und Lehrer Dhardo Rimpoche[4] ein, um ein eher umfangreiches Ritual durchzuführen. Und wie es der Brauch ist, wurden alle Opfergaben vor seinem Eintreffen auf dem Schrein angeordnet. Für gewöhnlich bereiteten meine eigenen tibetischen Schüler und Anhänger alles selbst vor, aber bei diesem Anlass waren sie mit ihrer Arbeit nicht zufrieden. Sie stellten die unterschiedlichen Opfergaben – viele kleine Lampen, Tormas und so weiter – auf viele kleine Tische, dann aber riefen sie einen Lama, der alles noch einmal begutachten sollte, bevor der Rimpoche eintraf. Der Lama kam und warf einen Blick auf die Vorbereitungen: „Nein. Dies hier sollte da stehen, und das da sollte hier stehen, und diese hier sollten anders herum stehen." In fünf Minuten hatte er alle notwendigen Veränderungen zu seiner Zufriedenheit durchgeführt, damit alles in Ordnung war. Diese Aufmerksamkeit fürs Detail wird von einem guten Ritualisten erwartet.

Ein gutes Ritual muss also nicht nur richtig durchgeführt werden, sondern seine Vorbereitung muss auch schön sein. Ist dies nicht der Fall, ist es nicht inspirierend. Somit ist ein Sinn für Schönheit von besonderer Bedeutung. Bei den Hindus wird Unordnung und Schmutz im Allgemeinen nicht als störend empfunden, auch wenn gerade Rituale durchgeführt werden. Ich habe Tempel gesehen, in denen alte Zeitungsstücke herumlagen (darin wa-

---

4   Informationen über das Leben von Dhardo Rimpoche finden Sie bei Suvajra, *The Wheel and the Diamond*, Windhorse, Glasgow, 1991.

ren die Opfergaben eingewickelt), dann gab es dort Reste von Kokosnüssen (Kokosnüsse sind eine übliche Opfergabe) und Haufen bereits verwelkter Blumen auf dem Fußboden. In einem buddhistischen Tempel oder Schreinraum jedoch ist alles sehr schön angeordnet, sauber und hell. Dies alles ist in Tibet, Sri Lanka und allen buddhistischen Ländern zu finden; und Hindus sind die ersten, die davon beeindruckt sind.

Das wahrscheinlich Wichtigste ist, dass ein guter Ritualist die Bedeutung all dessen verstehen muss. Es nützt nichts, wenn man ein Ritual technisch beherrscht und alle Handlungen richtig vollzieht, wenn man nicht versteht, was da wirklich vor sich geht. Das wäre ein inhaltsloses Ritual. Zusätzlich würde ich sagen, dass ein guter Ritualist eine enorme körperliche Ausdauer benötigt. Denn man muss manchmal für längere Zeit da sitzen und singen und zeitweise verschiedene rituelle Handlungen gleichzeitig ausführen, wobei man stets die Gelassenheit und Gemütsruhe sowie die entsprechenden Handbewegungen oder Mudras beibehält. Dies alles bedarf einer enormen körperlichen Tatkraft.

Wir im Westen vertreten gern die Meinung, das Ritual sei Religion auf Kindergartenniveau, also etwas für Anfänger. Die Tibeter jedoch denken nicht so. In der tibetischen Tradition ist es nur spirituell Fortgeschrittenen gestattet, lange und umfangreiche Rituale durchzuführen. Gewiss hat jeder tibetische Buddhist eine Ritual-Form, die er oder sie durchzuführen pflegt. Aber es sind nur die Rimpoches und die höher entwickelten Personen im Allgemeinen, denen es erlaubt ist, sehr lange und komplizierte Rituale durchzuführen, da die Allgemeinheit nicht über die notwendige Achtsamkeit, das Verständnis und die Ausdauer verfügt.

Dharmo Rimpoche war in der buddhistischen Philosophie und im buddhistischen Yoga sehr bewandert. Er war ein ausgezeichneter Organisator und darüberhinaus ein sehr guter Ritualist. Ich habe ihn oft beobachtet, wie er über Stunden bestimmte Rituale durchführte, und wunderte mich, wie er sie alle aufeinander abstimmen konnte. Er sang ungefähr eine halbe bis eine Stunde lang, ließ die Glocke erklingen und machte Opfergaben. Manchmal, während er rezitierte und sich dem Ende des Textes näherte, faltete er das seidene Tuch, worin das Buch eingeschlagen war, sehr sorgfältig, um ein bestimmtes Muster herzustellen. Dann bemerkte ich, dass nach dem Ausklingen des letzten Klanges der Glocke, nach dem letzten rezitierten Wort, nach der letzten geworfenen Blume – genau in diesem Augenblick – der letzte Einschlag des Tuches an seinem Platz war. Alles war scheinbar mühelos aufeinander abgestimmt. Wie bei einem Musikstück war alles im Einklang, alle Einzelheiten endeten geschlossen im richtigen Moment, wie in einem Abschlussakt. Seine Gesten oder Mudras waren wie bei zahlreichen Lamas wunderschön anzusehen. Er selbst wurde in diesen Fähigkeiten jahrelang ausgebildet und nun beherrschte er sie vollkommen.

Die meisten von uns werden ihre Fähigkeiten, ein Ritual durchzuführen, nicht in diesem Maße entwickeln können, aber trotz alledem sollte auch unser Ritual etwas sein, an dem wir arbeiten und das wir so harmonisch und ausdrucksvoll wie möglich gestalten. Es sollte Streben beinhalten – nicht nur unser eigenes, sondern ein gemeinsames Streben. Dies weist auf die Bedeutung hin, dass die Durchführung des Rituals nur in einer spirituellen Gemeinschaft möglich ist. Wenn wir es nur für uns allein durchführen, ist es kein Ritual im eigentlichen Sinne. Es mag zwar ein Streben sein, jedoch kein gemeinsames.

Im eigentlichen Sinne des Rituals wird ein gemeinsames Streben nicht nur vorausgesetzt: es ist der Ausdruck gemeinsamen Strebens. Das ist der bedeutendste Punkt überhaupt: Das Ritual ist ein Ausdruck. Fromm erklärt weiter, dass das Ritual „ein symbolischer Ausdruck von Gedanken und Gefühlen durch Handlung" sei. Was ist nun genau mit „Ausdruck" gemeint? Grundsätzlich bedeutet Ausdruck, etwas von innen nach außen zu bringen, aus den Tiefen unseres Inneren. Um unsere Tiefen zum Ausdruck bringen zu können, benötigen wir den symbolischen Ausdruck. Gedanklicher Ausdruck ist nicht genug. Denn er bringt nur etwas von unserer bewussten Geistesebene hervor – wir müssen aber mehr tun als das. Wir müssen die Tiefen unter der Bewusstseinsebene erforschen, um so die Ebenen unseres Seins zu erreichen, die sich durch Mythen und Symbolik ausdrücken. Wir könnten tatsächlich sagen, dass das Ritual eine Handlung aus Symbolik und Mythos ist. Indem wir zum Ausdruck bringen, was tief in uns ist, bringen wir es nach außen, sehen es und machen es zu etwas, das wir kennen. Dann können wir beginnen, es zu verstehen, und es in unser bewusstes Verhalten eingliedern. Auf diese Weise wird unser ganzes Wesen bereichert und integriert. Die Spannungen zwischen dem Bewussten und dem Unbewussten werden verringert. Wir werden ganzer.

Durch den rituellen Ausdruck drücken wir nicht nur unsere tiefen spirituellen Gefühle aus und machen sie uns bewusst, sondern wir stärken und intensivieren sie auch. Dies berührt einen anderen Grund, aus dem viele Menschen zögern, sich in ritueller Sprache und Handlung auszudrücken. Sie selbst sind sich über ihre Gefühle nicht im Klaren. Vielleicht geht es ihnen wie vielen von uns, deren Gefühle der Hingabe noch recht unterentwickelt sind. Es ist schon ein großer Schritt, diesen Gefühlen zu vertrauen, ihnen Raum zum Wachsen zu geben und ihren Einfluss in unser bewusstes Leben einzubringen.

Es ist alles eine Sache der Erfahrung. Wenn wir an einem Ritual in gewissem Ausmaß teilnehmen, lernen wir es kennen. Es geschieht selbst bei ganz einfachen Begegnungen der Hingabe, z.B. wenn wir die Siebenfältige Puja rezitieren – solange wir dies richtig und konzentriert tun. In einem Ritual schaffen wir eine sehr spezielle Atmosphäre. Ganz wie die Meditation ihre eigene wunderschöne Atmosphäre hat, genau wie ein Gespräch über den Dharma eine eigene überaus positive und fröhliche Stimmung hat, so hat auch die Siebenfältige Puja eine charakteristische Atmosphäre, die aus unseren Tiefen stammt und uns körperlich bewusst wird.

Diese Atmosphäre kann ihre eigene bemerkenswerte Wirkung haben. Ich erinnere mich an die Sommerschule der buddhistischen Gesellschaft, die ich kurz nach meiner Rückkehr nach England im Jahre 1964 besuchte. Ich war sehr überrascht, denn obwohl sehr viel Unterricht auf dem Programm stand – und ein wenig Meditation – gab es keine Vorkehrungen für irgendeine Puja. So schlug ich eines Abends vor, ein kleines Ritual zu versuchen. Zuerst fand dieser Vorschlag keinen großen Anklang. Mir wurde gesagt, dass englische Buddhisten über dem Ritual stünden, sie zögen den rationalen Weg vor. So sagte ich: „Nun, das macht nichts. Wenn es auch nur fünf oder sechs von euch wollen, versuchen wir es." Es wurde also angekündigt, dass um neun Uhr desselben Abends eine kurze und einfache Puja von mir durchgeführt werden würde. Anders als erwartet, kamen nicht nur fünf oder sechs, sondern praktisch die ganze Sommerschule, etwa 140 Personen. Es war nicht ganz einfach, sie alle in einem Raum unterzubringen. Nach diesem Erlebnis kamen sie jeden Abend und es hatte den Anschein, als gefiele es ihnen. Viele stellten fest, dass eine besondere Atmosphäre geschaffen wurde. Etwas Besonderes war zutage getreten; sie wussten nicht wie und sie wussten nicht warum. Es kam aus ihren Tiefen und schaffte eine insgesamt bedeutungsvollere und harmonischere Atmosphäre.

Manchmal mangelt es Menschen an so etwas. Sie nähern sich nur auf kognitive, konzeptuelle Weise: Bücher, Gespräche, Ideen, Philosophie, Theorie. Wir haben hier eine Unausgewogenheit, die selbst an manchen Orten des Ostens bestärkt wird. Ich kenne Theravāda-Bhikkhus[5], die über Pujas entschuldigend sagen, sie seien nur etwas für Laien, für nicht-intellektuelle Menschen. Menschen, die eher ihrem Verstand folgen – und selbstverständlich gelten westliche Bürger als ehrbare Intellektuelle – bräuchten sie nicht. Wichtig sei das intellektuelle Verständnis des Dharma. Ich habe sogar buddhistische Bhikkhus sagen hören: „Nun, wir Bhikkhus veranstalten keine Pujas." Aber auch wenn der verstandesgemäße Weg genauso wichtig ist wie der verehrende oder bildhaft darstellende, müssen wir früher oder später damit beginnen, unsere Tiefen auszuloten – die enormen Energiequellen, die in unserem unbewussten Geist schlummern. Wir müssen beginnen, die Sprache des Mythos, des Symbols und des Bildes sprechen zu lassen, denn auf diese Weise integrieren wir das Unbewusste in das Bewusste, und dabei hilft uns das Ritual.

Als letzte Erklärung Fromms formuliert er die Aussage, das Ritual sei „in gemeinsamen Werten verwurzelt." Das Ritual ist niemals nur ein Ritual. Es steht nicht für sich. Es leitet sich von der ganzen religiösen Philosophie ab, von einem System aus Glauben und Werten. Allgemein gesprochen ist es so: Je entwickelter die Religion, desto reicher ihr ritueller Ausdruck. Die zwei wahrscheinlich am weitesten entwickelten Religionen sind der Buddhismus und das Christentum, und diese beiden sind zumindest in ih-

---

5 *Bhikkhu* (Pali): Buddhistischer Mönch, nach der Tradition jemand in Flickenrobe, der um seine Nahrung bettelt und den Dharma lehrt.

rer vorherrschenden Form ausgesprochen ritualistisch. Im Christentum sind die beiden Hauptformen – die östliche orthodoxe Kirche und die römisch-katholische Kirche – reich an Ritualen. In Bezug auf den Buddhismus räumen die tibetischen Schulen Ch´an, Zen und selbst der Theravāda Ritualen einen bedeutsamen Platz ein.

Nachdem wir Fromms Erklärungen über das Ritual eingehend betrachtet haben, werden wir es nun auf ein einfaches Beispiel aus dem Buddhismus anwenden: das absolut grundlegende und ebenso bedeutende Ritual der Zufluchtnahme. Zu allererst ist es eine Handlung. Wir sagen *Buddhaṁ saraṇaṁ gacchāmi*. *Gacchāmi* bedeutet: „Ich gehe." Weil das Verb in Pali und Sanskrit am Ende steht, hat es eine sehr kraftvolle Bedeutung. Häufig wird es im Deutschen mit „Ich nehme Zuflucht zum Buddha" übersetzt, was vergleichsweise passiv klingt. Die englische Übersetzung „to the Buddha for refuge I go" drückt mit dem „I go" am Ende des Satzes diese Handlung viel aktiver aus. Dies unterstreicht die Tatsache, dass Zufluchtnahme eine Handlung ist – eine Handlung unseres ganzen Wesens. Wir nehmen mit dem Körper, der Sprache und dem Geist Zuflucht. In der tantrischen Tradition reicht es nicht aus, mit dem Geist und der Sprache Zuflucht zu nehmen. Man nimmt ebenso körperlich Zuflucht, indem man sich vor dem Abbild niederwirft. Es ist eine dreifache Übung, die das ganze Wesen mit einbezieht.

Dabei ist es nicht nur eine einfache Handlung. Es ist eine gemeinschaftliche Handlung, weil wir gemeinsam die Verse der Zufluchtnahme wiederholen. In traditionellen buddhistischen Ländern rezitiert zunächst der Bhikkhu oder Mönch die Verse und daraufhin die anderen. Dabei entsteht fast ein Dialog. So wird ein geradezu lebhafter Faktor hinzugefügt. Dies belegt die Tatsache, dass wir nicht nur etwas in derselben Art und Weise tun wie die anderen Anwesenden. Wir tun es mit ihnen gemeinsam – mit dem Herzen, dem Geist und dem Körper.

Als nächstes drückt die Zufluchtnahme gemeinsames Streben aus, den Wunsch, das gemeinsame Ziel des Nirvāṇa oder der Erleuchtung zu verwirklichen. Wir alle wollen so werden wie der Buddha. Wir alle wollen dem Pfad des Dharma folgen. Wir alle wollen helfen und Hilfe von anderen Mitgliedern des Sangha erhalten.

Als letztes ist unser Streben in gemeinsamen Werten verwurzelt, den Werten, die den ganzen Inhalt von Buddhas Lehre durchdringen. Die Zufluchtnahme ist nichts in sich Abgeschlossenes. Sie wächst aus der ganzen Lehre und Tradition. Wenn jemand die Zufluchtnahme zu den Drei Juwelen in allen Einzelheiten darzulegen hätte, würde diese Darlegung den ganzen Buddhismus mit einbeziehen.

Somit ist Fromms Erklärung des Rituals ohne weiteres auf die grundlegende buddhistische Übung der Zufluchtnahme anwendbar. Sie hilft uns, die Psychologie des Rituals in einem gewissen Maß zu verstehen und seinen Wert ein wenig zu würdigen. Aber der wahre Weg, den Wert des Rituals zu würdigen, liegt in seiner Durchführung. Wie ich bereits andeutete, ist es für einige Personen zunächst schwierig.

Als ich in Kalimpong war, kam ein Engländer zu mir, um bei mir zu bleiben, und ihm ging es genauso. Er kam zu mir, um den Buddhismus kennen zu lernen. Er war sehr an der buddhistischen Lehre interessiert, er war aber protestantisch erzogen worden und somit strikt gegen Rituale. Er sagte zu mir: „Ich mag den Buddhismus, ich liebe seine Philosophie, ich mag die *Sūtras* und alles andere, aber ich kann mich nicht all diesen Verbeugungen und diesem Gekrieche zum Schrein unterziehen." Ich erklärte ihm die buddhistische Sichtweise über das Ritual und wir diskutierten und stritten darüber. Wann immer ich aber vorschlug, ein Ritual durchzuführen, wurde er still. Er nahm an unseren Morgen- und Abend-Meditationen teil, jedoch nicht an den begleitenden Pujas. Er legte nicht einmal die Hände aneinander. Trotz alledem war es offensichtlich, dass er sich Gedanken darüber machte, und eines Tages stürzte er in mein Zimmer und sagte: „Bhante, ich hab's getan." Ich fragte, „Was meinst du? Was hast du getan?" Er antwortete: „Glaub mir oder nicht, ich bin gerade in den Schreinraum gegangen und habe mich verbeugt." Daraufhin sagte ich: „Nun, das ist sehr gut. Wie fühlst du dich jetzt?" Und er sagte: „Ich fühle mich irgendwie anders. Ich hätte nie gedacht, dass es solch einen Unterschied macht, aber ich fühle mich irgendwie anders, weil ich es getan habe."

3. Ursprünge der Siebenfältigen Puja

Ganz allgemein gesprochen können wir sagen, dass es im Wesen der Puja liegt, an den Buddha zu denken, mit unserem Geist in Buddhas Gedenken einzukehren. Dieser Gedanke ist nicht nur kühl und intellektuell, sondern umfasst das von Herzen empfundene Ideal der Buddhaschaft. Der Buddha erscheint sehr anschaulich vor uns, entweder in Form einer Rupa[6] oder eines Buddha-Bildnis oder auch in visualisierter, imaginierter Form. Alle Übungen der Hingabe, wie die Gaben während einer Puja, sind Formen des Denkens an den Buddha. Durch sie öffnen wir uns dem Ideal der Buddhaschaft, werden sensibler und werden von ihr inspiriert. Und dies ebnet den Weg für unseren möglichen Durchbruch in diese höhere spirituelle Dimension, auf die wir uns als *Bodhicitta*[7] beziehen.

Die Siebenfältige Puja besteht aus einer Folge von sieben verschiedenen hingebungsvollen Stimmungen oder Bestrebungen, von denen jede durch einige Verse traditioneller Texte hervorgerufen wird. Die Verse in der aktuellen Version der Siebenfältigen Puja der Triratna Gemeinschaft entstammen einer viel längeren Sammlung von über tausend Versen, genannt *Bodhicaryāvatāra*[8], dem „Einstieg in den Pfad der Erleuchtung." Dies ist ein poetisches und sehr hingebungsvolles Werk mit Hinweisen auf die Einstellungen und Lebensweisen, die sich ein Bodhisattva aneignen sollte. Es wur-

---

6 *Rupa* (Pali und Sanskrit): wörtlich „Form", eine Skulptur von Buddha oder eines Bodhisattvas.
7 *Bodhicitta* (Pali und Sanskrit): wörtlich „Erleuchtungsgedanke"; nützlicher übersetzt mit „Wille zur Erleuchtung", vgl. auch Kapitel 12
8 Siehe Śāntideva, *Bodhicaryāvatāra*, übersetzt von Kate Crosby und Andrews Skilton, auf deutsch: z.B. *Der Weg des Lebens zur Erleuchtung*: Das Bodhicaryavatara, Diederichs Gelbe Reihe 2005, von Shantideva und Ernst Steinkellner

de vom großen buddhistischen Meister Śāntideva geschrieben, der im Indien des achten Jahrhunderts lebte.

Śāntideva war in vielerlei Hinsicht bemerkenswert: als großer Denker und Metaphysiker, als glühender Verehrer der Drei Juwelen, stark im Glauben und in der Verehrung, und als hervorragender Dichter. Seine außerordentliche Bandbreite an Qualitäten macht das *Bodhicaryāvatāra* zu einem einzigartigen, inspirierenden und wichtigen Werk.

Die Tradition der Siebenfältigen Puja hat ihre Ursprünge in dem, was ich als höchstes Ideal der Menschheit ansehe: dem Bodhisattva-Ideal. Ich habe den Ursprung dieser Form der siebenfachen Andachtspraxis in Kapitel 4 in „A Survey of Buddhism" wie folgt erklärt:

„Genau gesagt besteht der Weg des Bodhisattva in erster Linie in der Praxis der Sechs (oder Zehn) Vollkommenheiten (*pāramitās*), die erfolgreiche Bewältigung, die ihn durch zehn aufeinander folgende Stufen (*bhūmis*) der spirituellen Verwirklichung führt. Zu groß ist jedoch die Diskrepanz zwischen unserer Fähigkeit, eine spirituelle Lehre zu verstehen, und unserer Fähigkeit, sie auch zu praktizieren, so dass die meisten von denen, die der Überlegenheit des verborgenen Pfades theoretisch zustimmen, sogar auf die erste Vollkommenheit unvorbereitet sind. Zwischen dem Leben des weltlichen oder des „spirituellen" Individualismus auf der einen Seite und dem Transzendentalen Pfad des Bodhisattva auf der anderen, führt der Mahāyāna daher eine Reihe von Regeln für die Praxis der Sechs oder Zehn Vollkommenheiten ein, die dazu bestimmt sind, den Geist des Bodhisattva vorzubereiten – oder besser gesagt, des zukünftigen Bodhisattva. Wenn wir den Bodhisattva-Pfad im weitesten Sinne betrachten, finden wir unter Berücksichtigung der Bräuche, dass er in drei große Phasen unterteilt werden kann: (1) die vorausgehenden Hingabeübungen, die kollektiv als *anuttara-Puja* oder Höchste Verehrung bekannt sind; (2) das Auftauchen des Erleuchtungsgedankens (*Bodhicitta-utpāda*), das Ablegen eines großen Gelübdes (*praṇidhāna*) und das Empfangen der Bestätigung der Erleuchtung (*vyākaraṇa*) durch einen lebenden Buddha; (3) die vier *caryās* oder Verhaltensregeln, wovon der dritte und wichtigste die Praxis der Vollkommenheit (*pāramitā-caryā*) ist . ...

Höchste Verehrung drückt sich nicht nur durch die Aneignung einer ehrfürchtigen Geisteshaltung aus, sondern das Feiern des Bodhisattva-Anwärters in einer Art täglichem Gebet. Unsere hauptsächliche literarische Quelle für die Details dieser Praxis ist das zweite Kapitel des erhabenen Lobgesangs von Śāntideva, das *Bodhicaryāvatāra*, eine Arbeit aus dem achten Jahrhundert. Die Praxis selbst war allerdings schon alt. In der Tat war sie Teil der vielen anderen Bräuche aus der großen Sammlung von Lehren und Methoden, die das Mahāyāna vom Hīnayāna geerbt und an die eigenen Traditionen angepasst hatte. Blumen, Lichter und Weihrauch wurden dem Buddha schon zu Lebzeiten dargebracht; Fehler wurden eingestanden; Brahma Sahampati hatte ihn angefleht, das Rad des Dharma zu drehen. Auf der Grundlage von Ereignissen dieser Art entwarf der Hīnayāna eine einfache tägliche Praxis, die noch heute in seiner Pali-Form sowohl von Mönchen als auch von Laien in Theravādaländern rezitiert wird. Einige der verwendeten Formeln sind so alt wie der Buddhismus selbst. Die Verwendung des Begriffs *anuttara*, Unübertroffenes oder Höchstes, für die Mahāyāna-Praxis, war vielleicht dazu gedacht, einen Vergleich mit seinem ursprünglichen wenig ausgebildeten Hīnayāna-Original anzudeuten. Wie Śāntideva beschrieben hat, umfasst Höchste Verehrung: (1) Verbeugung (*vandanā*) und Verehrung (*Puja*), (2) Zufluchtnahme (*śaraṇā-gamana*), (3) Bekenntnis der Fehler (*pāpa-deśanā*), (4) Freude an den Verdiensten (*puṇyānumodanā*), (5) Gebet (*adhyeṣaṇā*) und Bittgebet (*yācanā*) und (6) Übertragung der Verdienste (*pariṇāmanā*) und Hingabe (*atabhāvādi-parityāgaḥ*).[9]

Die Siebenfältige Puja ist somit im Wesentlichen eine Art Hinführung zur Entstehung von *Bodhicitta*, alle wichtigen buddhistischen Bräuche in einer fortschreitenden Aufeinanderfolge einbeziehend. Im obigen Zitat sprach ich von einer sechsfältigen Puja, in dem die Puja und die vandanā-Abschnitte manchmal miteinander verbunden sind. Ich hielt es bald für besser, die signifikanten Unterschiede zwischen den Abschnitten durch Trennung besser zur Geltung zu bringen. Außerdem verwenden wir jetzt etwas andere Übersetzungen einiger Begriffe.

---

9   Sangharakshita, *A Survey of Buddhism*: Its Doctrines and Methods Through the Ages, 9. Auflage, Windhorse S. 448-450.

Ich sollte erklären, wie wir dazu gekommen sind, die Verse in dieser besonderen Form zu benutzen. In den frühen 1960er Jahren wollte ich eine Version der Siebenfältigen Puja entwickeln, wie ich sie in „A survey of Buddhism" beschrieben habe – nur eine sehr kurze, einfache Siebenfältige Puja, die ich am Hampstead Buddhist Vihara einführen wollte. Weil ich wusste, dass das *Bodhicaryāvatāra* für diesen Zweck in Tibet verwendet wurde, prüfte ich alle verfügbaren Übersetzungen. Es gab nur eine (unvollständige) gedruckte Übersetzung von L.D. Barnett, aber mir war bewusst, dass es eine andere Übersetzung einige Jahre später gegeben hatte, die aber nie in voller Länge gedruckt worden war. Sie stammte von einer Freundin von mir in London, Frau Adrienne Bennett, mit der ich während meines Indienaufenthaltes korrespondierte. Ihre Version stellte den Rahmen für die Siebenfältige Puja und ich habe dann jeweils ein paar Verse aus Kapitel 2 und 3 des *Bodhicaryāvatāra* unter jeder der sieben Rubriken entnommen (*puja, vandanā* und so weiter). Auf diese Weise entstand unsere heutige Version, die seitdem im Triratna Puja-Heft zu finden ist.

In den Kapiteln 5 bis 12 stelle ich die entsprechenden Verse sowohl in der Übersetzung von Mrs. Bennett als auch in der von Marion L. Matics von 1971 vor, um ein klares Verständnis eines jeden Verses zu ermöglichen. Mrs. Bennetts Übersetzung vermittelt sicherlich den Geist des Śāntideva besser und ist viel poetischer und rhythmischer. In einigen Fällen erscheint die wörtliche Übersetzung von Matics ein wenig klarer, aber wenn es um das laute Vorlesen geht, fließt sie nicht annähernd so schön. In den letzten Jahren wurden weitere Übersetzungen des *Bodhicaryāvatāra* vorgestellt, vor allem die von Stephen Batchelor aus dem Tibetischen, die recht weit verbreitet ist.

Es ist durchaus möglich, eine andere Siebenfältige Puja durch Auswahl geeigneter Verse aus anderen traditionellen Texten zusammen zu stellen. Ich habe Verse aus dem *Sūtra vom Goldenen Licht* für besondere Anlässe unter den gleichen sieben Abschnitten zusammengestellt.[10] Diese Zusammen-

---

10 Vgl. dazu den Kommentar von Sangharakshita zu diesem *Sūtra*: *Transforming Self and World*, Windhorse, Birmingham, 1995.
Auf Deutsch z.B.: http://fpmt.org/wp-content/uploads/teachers/zopa/advice/pdf/sutravomgoldenenlicht.pdf

stellung, die noch nicht veröffentlicht worden ist, enthält eine sehr große Anzahl von Versen zum Eingeständnis von Fehlern, einem wichtigen Thema des *Sūtras*, so dass man sie verwenden kann, wenn man diese besondere Praxis betonen möchte.

Die Ursprünge der Puja, die wir verwenden – wer sie geschrieben hat, wer sie übersetzt hat, wie, wann und warum sie zusammengestellt wurde und so weiter – sind von historischem Interesse. Aber es ist wichtig, sich daran zu erinnern, dass diese historischen Ursprünge keine liturgische Bedeutung haben. Wenn wir an der Puja teilnehmen, sollten wir sie als ursprünglich betrachten, als etwas, das schon immer so gewesen ist, statt als etwas, das mit besonderen Namen und Daten verbunden ist. Idealerweise sollten wir die Puja als zeitlosen Prozess verstehen, der durch das ganze Universum zieht und von unzähligen Wesen praktiziert wird.

4. Wie wir uns der Siebenfältigen Puja nähern können

Wir haben im letzten Kapitel gesehen, dass diese Form der Puja als eine spezifische Praxis entstanden ist, um zu helfen das *Bodhicitta*, den Willen zur Erleuchtung, entstehen zu lassen. Und genau das ist die Art und Weise, wie wir es betrachten sollten, wenn wir so weit in unserem geistigen Leben gekommen sind, dass wir über *Bodhicitta* nachdenken können. Die Puja ist auf den Erleuchtung verkörpernden Buddha zentriert. Wenn Sie ein sehr starkes Gefühl für Erleuchtung oder die Verkörperung von Erleuchtung haben, bedeutet dies, dass Sie letztlich wie der Buddha selbst sein möchten. Und wenn Sie dieses sehr starke Bedürfnis haben, so zu sein, wird dieses Bedürfnis mit der Zeit gleichbedeutend mit dem Auftauchen von *Bodhicitta* werden. Die Puja kann als ein Hilfsmittel dafür wirken. Um es etwas anders auszudrücken: Die Puja kann den schrittweisen Prozess unterstützen, bei dem man sich schließlich voll und ganz dem Buddha, dem Dharma und dem Sangha verpflichtet oder wie wir sagen: Man nimmt Zuflucht.

Wenn Sie dieses Stadium noch nicht erreicht haben, können Sie die Puja als eine Praxis sehen, die bunter ist, emotional ansprechender als – sagen wir – einseitiges Studium der Lehre. Es kann für Sie aber auch eine Praxis sein, mit der Sie Ihre Begeisterung für den Buddhismus wieder neu entfachen, wenn Sie ein bisschen dumpf oder dröge geworden sind. Auch das ist völlig in Ordnung – die Puja als eine Art emotionalen Süßstoff zu verwenden.

Die Leute fragen mich manchmal, warum wir uns mit der Puja überhaupt solche Mühe machen. Warum nicht bei den anderen Praktiken bleiben, die der Buddhismus zu bieten hat? Ich habe bereits einige der Gründe genannt, aber meine unmittelbare persönliche Antwort auf eine solche Frage ist: Nun ja, ich mag Puja. Ich liebe die Blumen, die Kerzen und das Singen. Ich finde das wunderbar. Ich glaube nicht, dass sie mich ganz bis zur Erleuchtung bringt, aber sie ist hilfreich auf dem Weg, den ich wirklich genieße und auf den ich nicht verzichten möchte.

Vielleicht ist dies die erste Überlegung, wie wir uns der Puja nähern können: sie einfach genießen. Genießen Sie die Farben, die Poesie, den Duft der Räucherstäbchen. Tun Sie es nicht aus einem Gefühl der Verpflichtung heraus, als gäbe es eine Regel, an der Puja teilzunehmen, ob Sie es wollen oder nicht. Diejenigen, die nicht daran teilnehmen möchten, müssen nicht mitmachen. Auf der anderen Seite könnten Sie beobachten, dass andere Menschen sie scheinbar genießen, und es könnte sich lohnen, einige Male zuzuschauen, um zu sehen, was passiert – aber in einem Geist des Interesses und des Experimentierens, nicht aus einem Pflichtgefühl heraus.

Wenn Sie ein wachsendes Interesse am Buddhismus entwickeln, sich aber nicht von der Puja angezogen fühlen, auch wenn Sie es eine Weile versucht haben, ist dies kein Grund zur Besorgnis. Sie können meditieren oder sich im Studium engagieren. Wir sind nicht alle für die gleichen Formen der Praxis gemacht. Deshalb ist es bei Triratna nicht vorgeschrieben, nur eine bestimmte spirituelle Praxis zu betreiben – nur Mantrasingen oder nur Meditation –, wie manche buddhistischen Schulen dies tun. Wir stellen eine ganze Reihe von buddhistischen Aktivitäten zur Verfügung, alles, was zumindest einigen Menschen hilft zu wachsen und sich zu entwickeln. Es ist vor allem in den frühen Bemühungen, dem buddhistischen Pfad zu folgen, wichtig, sich an die Praxisform anzulehnen, die inspirierend und hilfreich für Sie scheint. Andere Aspekte werden später entwickelt.

Gleichwohl ist es wichtig, regelmäßig an einer Puja teilzunehmen, wenn Sie sich denn für die Puja als Teil Ihrer spirituellen Praxis entschieden haben. Es mag verlockend sein, dabei Zeiten der möglichen Teilnahme zu überspringen, wenn Sie nicht das Gefühl haben, sehr wach oder inspiriert zu sein, aber man könnte auch genau die gegenteilige Haltung einnehmen: Solange Sie wirklich Lust haben, an der Puja teilzunehmen, macht es wahrscheinlich nicht viel aus, wenn Sie sie gelegentlich versäumen. Aber wenn Sie sich nicht danach fühlen, kann es wirklich von Vorteil sein, es trotzdem zu tun. Und manchmal, wenn Sie sich nicht in der Stimmung fühlen und vielleicht denken, nur noch mechanisch mitzumachen, werden Sie überrascht sein, dass Sie am Ende eine sehr positive Erfahrung gemacht haben. Regelmäßiges Üben ist wichtig, solange es aus dem eigenen Gefühl der Hingabe kommt und nicht, weil Sie irgendeine Art von Druck von anderen fühlen.

Die meisten Menschen brauchen einige Zeit, um sich an die Siebenfältige Puja zu gewöhnen. Es ist ein bisschen wie das Essen gesunder Mahlzeiten oder keinen Zucker mehr im Tee zu trinken. Wenn Sie es gewöhnt sind, würzig, salzig oder süß zu essen, kann gesundes Essen langweilig und wenig einladend erscheinen, bis Sie sich daran gewöhnt haben, aber dann wird das Essen viel befriedigender. Ebenso ist es mit der Puja: Wenn Sie sie erst einmal regelmäßig üben, wird sie zur Quelle der Freude.

Die Puja ist stark in der indischen Tradition verwurzelt und es kann ziemlich lange dauern, bis Sie ein Gefühl für die Sprache und die kulturellen Bezüge bekommen. Es wäre günstig, etwas über den traditionellen Hintergrund zu erfahren. Vor einigen Jahren hat jemand versucht, diese Problematik zu umschiffen, indem er eine englische Entsprechung zu den traditionellen Versen komponierte, Rosen und Narzissen dazu tat und es auf englische Weise poetisch gestaltete. Aber – vielleicht überraschend – den Menschen war diese Art eher unangenehm und sie kam nicht wirklich an, ohne dass ich damit nicht andeuten möchte, dass man es so nicht machen könnte. In jedem Fall ist es wertvoll, das Gefühl zu haben, mit der buddhistischen Tradition durch die Puja verbunden zu sein, sobald wir die anfängliche Fremdheit überwunden haben.

Manche Menschen haben Schwierigkeiten mit der Poesie der Puja, wenn sie die Worte allzu wörtlich nehmen. Sie vergessen, dass es Poesie ist, und mit der indischen Poesie fängt es an – die Inder sind bekannt für ihre sehr blumige Sprache. Ich habe Menschen kennen gelernt, die sich leidenschaftlich gegen die Worte „Ich spende Lampen aus Edelsteinen" gewandt haben, weil die Lampen auf ihrem Schrein niemals Edelsteine haben. Sie vertraten die Auffassung, dass bezüglich der Edelstein-Lampen unter diesen Umständen ein Verstoß gegen das Gebot der vollkommenen Rede vorlag, und sie sahen sich daher ganz außerstande, diese Worte zu rezitieren. Sie konnten nicht verstehen, dass es eine phantasievolle Gabe, ein Angebot im Geist war. Wir müssen versuchen, in Kontakt mit dem Sinn der Worte zu kommen, und sie nicht allzu wörtlich nehmen. Natürlich bedeutet eine poetische Sprache nicht, dass die Puja selbst eine Art Phantasie sei. Sie ist keine bloße Phantasie, sondern eine poetische Anrufung echter spiritueller Kräfte.

Aber auch ohne die Worte wortwörtlich zu nehmen, können der Überfluss und der Überschwang in der Puja für diejenigen sprachlich unangebracht sein, die eher einen Zen-Ansatz bevorzugen. Sowohl der strenge Ansatz als auch der großherzige Umgang mit spiritueller Schönheit haben ihre Vorzüge und wir können lernen, sie beide zu schätzen. Besonders Engländer neigen dazu, vor Überschwang zurückzuscheuen. Vielleicht ist dies nur etwas, das wir überwinden müssen. Ein Mittelweg ist sicher vonnöten. Man kann versuchen, dem Schreinraum eine reichhaltige, aber schlichte Schönheit zu geben, mit Extradekorationen an den Festtagen. Die Verse der Puja enthalten einige recht großzügige Formulierungen, aber wir rezitieren sie auf einfache Weise, so dass auch ein Element der Einfachheit dazu kommt.

Während der Siebenfältigen Puja beziehen wir uns auf spirituelle Wesen, die Buddhas und Bodhisattvas. Wie wir diese Andeutungen verstehen sollten, könnte eine weitere Ursache für Schwierigkeiten sein. Verstehen wir solche Wesen als objektiv existent oder nicht? Bis zu einem gewissen Punkt müssen wir uns darum nicht allzu viel kümmern. Wenn wir wollen, können wir die Buddhas als Vertreter unseres eigenen angeborenen Potentials sehen, als Beschützer unserer besseren Selbstaspekte und so weiter – das ist völlig egal. Aber selbst wenn wir so denken, können wir das Objektive insgesamt nicht ausschließen. Angenommen, wir würden unser Potenzial weiter entwickeln. Was würde passieren? Wir würden dann Buddhas sein, objektiv. In diesem Fall ist es vernünftig anzunehmen, dass andere vor uns ihre Potentiale ebenfalls entwickelt haben und Buddhas geworden sind – objektiv bestehende Buddhas, die uns spirituell helfen können. Aber es ist wichtig, sich darüber im Klaren zu sein, dass sie nicht im irdischen Sinne Helfer sind. Es hat keinen Sinn, sie für Wohlstand und Reichtum anzubeten. Das hat keinen Platz in der Puja. Die Buddhas und Bodhisattvas können uns nur helfen, wenn wir uns für ihren Einfluss öffnen. Also gibt es einen subjektiven und einen objektiven Aspekt der Puja. Wenn alles nur subjektiv wäre – nur tröstliche Gefühle und wohlmeinende Gedanken in unseren Köpfen, ohne etwas wirklich objektives, ohne Buddhas –, würde es uns nicht weit bringen.

Idealerweise sollte die Durchführung der Siebenfältigen Puja Einstellungen und Stimmungen, die wir die ganze Zeit zu kultivieren versuchen, in konzentrierter, intensiver Form zusammenfassen. Das umfassende Ziel sollte klarer werden, wenn wir diese Haltungen und Stimmungen einer nach der anderen in aufeinander folgenden Kapiteln studieren. Das bedeutet, dass wir uns von unserer Verehrung, Begrüßung, Zufluchtnahme und so weiter, nicht weglassen, bis wir dazu kommen die Siebenfältige Puja zu rezitieren. Wir sollten die ganze Zeit an ihnen arbeiten, sodass wir, wenn wir mit anderen Mitgliedern der spirituellen Gemeinschaft zusammen kommen, die Puja intensiver und im Einklang erleben können. Die Puja kommt der Darlegung und Umsetzung dessen dar, womit wir uns auseinandersetzen, dem wir uns hingeben und uns unaufhörlich verpflichten. Wir versuchen, all unsere Energien, alle unsere Aktivitäten in Richtung Erleuchtung zu lenken, und die Puja stellt eine Art Mikrokosmos hierfür dar, mit dem Bild des Buddhas, der unserer Ideal repräsentiert, das wir zu realisieren versuchen und auf das alle unsere Energien gerichtet sind. Für Menschen, die zu einer Puja zusammen kommen und die normalerweise nicht versuchen, ihre Gedanken und Gefühle auf diese Weise zu lenken, kann und wird die Siebenfältige Puja offensichtlich nicht so viel bedeuten können.

Durch diese Bemühung, unsere Gedanken und Gefühle zu lenken, geben wir uns dem Buddha hin. Die Puja ist also im Wesentlichen ein Akt des Gebens, nicht des Empfangens – oder zumindest empfangen wir nur in dem Maße etwas, in dem wir in der Lage sind uns zu geben. Die Puja ist in erster Linie eine Handlung und nur in zweiter Linie ein Erlebnis. Wenn man eine Puja als großes Erlebnis erwartet, ohne sich dem Ideal der Erleuchtung zu verpflichten, läuft man am Wesentlichen vorbei. Wir müssen uns nur selbst anbieten. Wenn es eine Resonanz in Form emotionaler Erfahrung gibt, umso besser; aber wir sollten erkennen, dass dies nicht der Zweck der

Puja ist. Wenn dieses Erlebnis nicht kommt, falls wir uns bei der Puja vielleicht sogar langweilen, ist das auch in Ordnung. Es reicht, wenn wir in den Schreinraum gehen und unsere Hingabe und Verehrung dem Buddha gegenüber entgegenbringen.

Während der Puja sollten wir uns immer zum Buddha hin orientieren. Wenn wir aufrichtig und offen sind, wissen wir, dass alles zum Wohle des Buddhas geschieht, auch wenn sich dieses Bewusstsein bisher nur im Anfangsstadium befinden mag. Wenn wir meinen, dass unsere Wertschätzung der Puja gegenüber nur ästhetischer Art ist, wenn wir in Gefahr sind, sie lediglich als eine eher angenehme und bunte Veranstaltung zu genießen, ist es ratsam einfach mehr über den Buddha nachzudenken.

Die Siebenfältige Puja ist nicht die Handlung einer einzelnen Person oder einer Gruppe von Menschen, sondern eine der spirituellen Gemeinschaft. Nun könnte man denken, dass eine spirituelle Gemeinschaft notwendigerweise eine Art von Gruppe ist, und in der Tat muss sie grammatikalisch auch als solche behandelt werden. Aber tatsächlich ist es überhaupt keine Art der Kollektivität. Es handelt sich um eine Reihe von Individuen, deren Individualität als solche in keinerlei Weise verwässert oder in Frage gestellt wird durch ihr harmonisches Handeln, ihrem Miteinander im Einklang und – im Rahmen der Puja – ihrem gemeinsamen Sprechen. Wenn also die spirituelle Gemeinschaft auf sich selbst verweist, wird weder der Begriff „wir" noch „ich" seinem Zweck gerecht. In der Siebenfältigen Puja, die wir bei Triratna verwenden, benutzen wir durchweg den Singular, wie Śāntideva es auch tut. Als Ausgleich dazu verwenden wir aber die erste Person im Plural in der „Kurzen Puja", die wir ebenfalls viel bei Triratna verwenden.

Es ist nicht so, dass man die Puja nicht auch allein praktizieren könnte. In der Tat müssen Sie zuerst die Verehrung als Individuum erspüren, bevor Sie wirklich sinnvoll mit anderen an der Puja teilnehmen können. Sie können sogar „geistige Puja" praktizieren, indem Sie die Puja in der Stille als eine Form der Meditation durchgehen, den Buddha visualisieren, die Opfergaben und so weiter. Dies wird als eine höhere Ebene der Praxis für diejenigen empfohlen, die die notwendige Kraft der Konzentration und Erfahrung schon entwickelt haben. Bestimmte Yogis und Lamas haben ein absolutes

Minimum an Schreinausrüstung – vielleicht nur ein Bild an der Wand –, denn sie schaffen alles andere innerlich. Wenn Sie die Puja tatsächlich im Geiste praktizieren, ist es möglich, alles mit einer viel größeren Betonung zu tun. Sie können tausend Lampen visualisieren und sich vorstellen, das ganze Universum darzubieten, was praktisch kaum möglich ist, egal wie hingabevoll Sie auch sein mögen. In der Tat können Sie vom Gefühl der Verehrung vollständig fortgetragen werden, was kaum möglich wäre, wenn das Bewusstsein über die Sinne angesprochen würde.

Eine geistige Puja ist nur für jemanden möglich, der sie schon häufig stimmlich und körperlich durchgeführt erlebt hat – also in erster Linie als „gemeinsame" Puja. Allein rezitierte und körperlich durchgeführte Puja ist eine ganz andere Erfahrung als mit anderen zusammen. Sie ist immer noch wertvoll, aber sie kann kein so volles und reiches Erlebnis sein, wie wenn man sie gemeinsam durchführt. Für diejenigen, die die Puja manchmal allein machen, kann es hilfreich sein, sich zumindest die Anwesenheit der gesamten spirituellen Gemeinschaft vorzustellen, um ein Gefühl der Verbundenheit mit denen zu entwickeln, die ebenfalls Zuflucht nehmen.

Da die Puja grundsätzlich ein Ausdruck der Hingabe der ganzen Gemeinschaft ist, könnte man die Puja fast so aufzufassen, dass alle Anwesenden bei dieser Gelegenheit mitmachen sollten. Falls neue Menschen dabei sind, die nicht mitmachen möchten, brauchen sie das natürlich auch nicht zu tun. Aber diejenigen, die sich als Buddhisten betrachten, sollten auf jeden Fall daran teilnehmen, da sonst eine Spaltung innerhalb der spirituellen Gemeinschaft entsteht zwischen denen, die mitmachen und denjenigen, die nicht mitmachen.

Es ist durchaus sinnvoll, sich die Puja als Hingabeübung vorzustellen, als Mittel zur Stärkung unserer hingebungsvollen „Muskeln", als Mittel zur Förderung unserer spirituellen Entwicklung, aber das ist eine etwas eingeschränkte Sichtweise. Es gibt eine viel größere Dimension in der Durchführung der Puja, die man in einer spirituellen Gemeinschaft gemeinsam praktiziert. In einigen der Mahāyāna-Sūtren gibt es lebendige Berichte der Bodhisattvas, die sich um den Buddha versammeln und ihn mit allerlei schönen Hymnen loben. Uns wird erzählt, dass einige Bodhisattvas sogar ihr Gelübde ablegten, alle Buddhas im Universum zu verehren. Sie verbringen gewissermaßen Millionen von Jahren, von einem Teil des Universums zum anderen zu ziehen und alle Buddhas zu verehren, die es gibt. Dies ist eine typische Mahāyāna-Weise, um die Bedeutung der Hingabe und der Verehrung zu betonen, selbst für den am weitesten fortgeschrittenen Bodhisattva. Und wir können die Siebenfältige Puja als eine Spiegelung dieser Art von Aktivität eines Bodhisattva auf einem deutlich niedrigeren Niveau betrachten. Genau wie es auf der Ebene des *sambhogakāya* (d.h. Realität, wie sie von einem Bodhisattva auf einer archetypischen oder himmlischen Ebene wahrgenommen wird) den archetypischen Buddha gibt, umgeben von allen großen Bodhisattvas, die seine Loblieder singen, so ist in unserer eigenen unvollkommenen Welt das Buddha-Bildnis von einem sehr viel bescheideneren Sangha umgeben, der den Buddha nach seinen besten Möglichkeiten lobpreist. Die Puja, die wir in unserem buddhistischen Zentrum oder auf unserem Retreat praktizieren, ist ein Spiegelbild dieser kosmischen Puja, die ewig im Gange ist. Es ist, wenn Sie so wollen, eine *nirmāṇakāya*-Puja, d.h. Realität, die von einer weltlichen Ebene aus wahrgenommen und verehrt wird.

Wir können allerdings diese breitere Perspektive unserer Praxis stärker in den Vordergrund rücken, wenn wir Symbole für die *trikāya*, die drei „Körper" des Buddha, auf den Schrein stellen. Das traditionelle Symbol für den dharmakāya ist entweder eine kristallene Kugel (wie eine prophetische „Kristallkugel") oder ein Modell eines Stupa; für den *sambhogakāya* ist es ein Schriftband und für den *nirmāṇakāya* ein kleines Buddha-Bild.

Die Verse der Puja werden vorgesprochen und von den anderen Anwesenden nachgesprochen, was bedeutet, dass jemand der Anwesenden die Puja leitet. Diese Person sollte die größte Erfahrungstiefe im spirituellen Leben haben. Der Leiter zeigt in gewissermaßen Sinne den Weg; wer also diese Rolle übernimmt, sollte die effektivste Zuflucht aufweisen. Dies gibt dem Ablauf eine größere Tiefe. Wenn der Leiter sagt: „Zum Buddha nehme ich Zuflucht", wird diese Aussage etwas anderes bedeuten, als wenn es eine weniger erfahrene Personen sagt. Sie können sich sicher sein, dass der Leiter tiefer Zuflucht nimmt als Sie es jetzt tun und Sie können anstreben, ihm nachzueifern. Der Punkt ist, dass Sie kein „Amt ausüben", wenn Sie eine Puja leiten, Sie „führen" nicht. Sie stehen nicht auf einer Kanzel und führen die Menschen durch Ihre Andacht. Auch sind Sie kein „Führer" im engen Sinn. Sie praktizieren einfach selbst die Puja und die anderen folgen Ihnen dabei.

Da es das Ziel ist, die ganze charakteristische, spirituelle Stimmung jeden Abschnitts zu erleben, sollten wir darauf achten die Puja nicht auf eine schnelle Weise durchgehen. Das ist ein Grund, warum am Ende jeden Abschnitts eine Glocke oder ein Gong geschlagen wird. Der Gongschlag markiert den Übergang von einem Abschnitt zum anderen und schafft auch eine gewisse Pause.

Alle Tageszeiten sind gut für Pujas. Eine Puja ist eine gute Möglichkeit, den Tag ausklingen zu lassen, solange Sie nicht zu müde sind, um sich auf sie einzulassen – und es ist wahrscheinlich ehrlich zu sagen, dass, wenn Sie nicht zu müde sind, um an einer späten Party teilzunehmen, Sie auch nicht zu müde sind, um hingebungsvoll an einer Puja teilzunehmen. Am Morgen, sagen wir nach dem Frühstück, ist auch eine ausgezeichnete Zeit für eine Puja. Sie wird in der Regel kräftiger als am späten Abend sein, weil Sie ausgeruht und frisch sind. Ein weiterer guter Zeitpunkt ist die Abendstunde, wenn es dunkel wird, vor allem, wenn Sie auf dem Land leben. In der Stadt kann dies natürlich die Hauptverkehrszeit sein, so dass es zu laut ist. Wenn Sie ein „Nachtmensch" sind, oder zumindest nicht zu müde und schläfrig, könnte eine Puja um Mitternacht oder in den frühen Morgenstunden noch vor dem Morgengrauen wunderbar sein. Um Mitternacht ist eine sehr gute Atmosphäre für eine Puja und vielleicht auch zwischen drei und vier Uhr. Sie können dann eine ganz andere Erfahrung machen, solange Sie wach und ausgeruht genug sind, um in der Lage zu sein sie zu würdigen.

Die Puja führt auf natürliche Weise in eine meditative Stimmung. Man kann entweder vor oder nach einer Puja meditieren; beides hat seine Vorzüge. Eine Puja ist eine gute Vorbereitung für die Meditation, weil sie Ihre Energie gewissermaßen in die richtige Richtung lenkt. Sie ermöglicht Ihnen herumschweifende Gedanken loszulassen, zu mehr Integration zu kommen und sich auf die folgende Meditation vorzubereiten. Wenn die Puja zuerst kommt, kann jeder danach so lange meditierend sitzen, wie er oder sie es möchte. Auf der anderen Seite bevorzugen einige, vor der Puja zu meditieren, weil sie dann präsenter für die Puja sind.

Klänge – sowohl gesungen als auch als Begleitmusik, falls es eine solche gibt – sind sehr wichtige Aspekte der Siebenfältigen Puja. Im nächsten Kapitel werden wir im Detail die Rolle untersuchen, die die Sinne in der Puja spielen. Zunächst genügt es zu sagen, dass – unabhängig von der Art des Gesangs oder der verwendeten Musik – sie erhebend sein und so weit wie möglich ein Gefühl von überirdischer Schönheit vermitteln sollte. Es gibt bestimmte Sorten von Musik, die für den Einsatz im Rahmen einer Puja einfach nicht geeignet sind und sogar bestimmte Weisen zu singen, die recht unpassend wären. Wir müssen uns über die Art und Weise bewusst sein, in der wir singen: vorsichtig, um einen erzwungenen oder harten Ton zu vermeiden. Manche Menschen singen auf eine raue, gepresste Weise, nicht, weil sie keine guten Stimmen hätten, sondern einfach, weil sie in keiner positiven Geistesstimmung sind.

Einige Menschen mit musikalischem Talent möchten vielleicht „persönliche musikalische Darbietungen" während der Puja einbringen. Es ist jedoch schwierig, dies in einer Weise zu tun, die gut mit dem Tenor der Puja zusammenpasst, zum Teil deswegen, weil das Musikstück in der Regel für einen anderen Anlass komponiert wurde, und teilweise, weil es schwierig ist, das Element der Selbstdarstellung zu vermeiden, obwohl es als Opfergabe gemeint sein soll. Diese Überlegungen gelten unabhängig von der Qualität der Musik oder dem Gefühl, das von ihr vermittelt werden soll.

Es gibt natürlich auch passende religiöse Nutzung von Musik. Im christlichen Kontext, in Kirchen und Kathedralen, lenkt die traditionelle Musik nicht von der gewünschten Gesamtwirkung ab, weil sie für diesen Zweck gedacht ist und weil sie sehr selten eine individuelle Leistung darstellt. Selbst wenn sie nur von einer Person vorgestellt wird, bleibt der Ausführende anonym, so dass es kein theatralisches Element gibt. In kleineren Gemeinschaften wie sie im westlichen buddhistischen Kontext heutzutage üblich sind, wo jeder genau weiß, wer spielt oder singt, kann dies allerdings ein bisschen zu einer „Aufführung" der betreffenden Person werden. Dies läuft der Stimmung einer Puja zuwider, die ihrem Wesen nach die Handlung der spirituellen Gemeinschaft als Ganzes ist.

Eine weitere Schwierigkeit ist, dass im Westen die musikalische Darbietung wahrscheinlich nicht wirklich an den Buddha gerichtet ist, wie es in Indien sein könnte. Eine musikalische Aufführung während eines Hindu-Tempel-Dienstes ist nicht für das Publikum gedacht. Es ist für den Gott gemeint und wird vor seinem Angesicht aufgeführt, damit er die Musik „hören" kann. Die Gemeinde hört es nur zufällig mit. Da dies nicht der westlichen Tradition entspricht, hat ein Westler wahrscheinlich nicht wirklich das Gefühl, dass der Tempeldienst den Gesang für Buddha vorführt und alle anderen Zuhörer ignoriert. Er wird am ehesten das Gefühl haben, dass er es für die anderen Anwesenden tut. Während sich der Rest der Puja sich von der versammelten Gemeinschaft zum Buddha hin orientiert, geht eine „Aufführung" mittendrin eher in die entgegengesetzte Richtung, vom Vorführenden ans Publikum, was sich ziemlich beißt.

Zugegeben haben die Tibeter in ihre Pujas erfolgreich Musik eingebaut, aber es ist eine ganz andere Art von Musik als die, die wir normalerweise im Westen hören. Musikalische Begleitung zur Puja in Tibet hat eine ursprüngliche, archetypische Kraft, die wir im Westen in absehbarer Zukunft wohl kaum in der Lage sein würden zu entwickeln. Russisch-orthodoxe und einige der frühen katholischen Kirchenmusik haben etwas von dieser archetypischen Kraft, aber sie mündeten nicht in die protestantischen Hymnen oder die Choräle des 19. Jahrhunderts. Die christliche Liturgie war ursprünglich etwas, das sich gewissermaßen auf eigene Rechnung weiter entwickelte. Idealerweise war es ein Spiegelbild einer himmlischen Liturgie, die von den Engeln und Erzengeln dirigiert wurde. Sie benötigte weder ein Publikum noch die Teilnahme des Publikums. Aber allmählich säkularisierten die christlichen Kirchen – darunter auch die römisch-katholische Kirche. Wir Buddhisten müssen aufpassen, dass wir nicht den gleichen Weg gehen. Nur weil die Musik z.B. von Bach sehr raffiniert, tiefgründig und berührend ist, bedeutet das nicht, dass sie in einem streng andächtigen Kontext unbedingt angemessen ist.

Grundsätzlich ist es eine Frage der Unterscheidung zwischen der Art der persönlichen emotionalen Erfahrung, die wir haben, wenn wir z.B. in die Oper gehen, die im Wesentlichen nüchtern ist, und aus der wir mit trockenen Augen herauskommen, und nicht unpersönlichen, aber überpersönlichen Emotionen, die mit richtiger Hingabe verbunden sind. Vielleicht können sich hingebungsvolle Gefühle nur entwickeln, wenn oberflächliche Emotionen abgeklungen sind. Sie müssen vielleicht sogar durch eine Zeit hindurch gehen, in der Sie überhaupt nur wenig spüren, die Puja aber trotzdem praktizieren. Wenn wir über Musik in der Puja überhaupt nachdenken, sollten wir dies nur im Hinblick auf ein wenig dezente musikalische Begleitung zum Gesang tun – gelegentlich ein Schlag auf eine Trommel oder eine klingende Zimbel. Wir müssen vor allem im Falle von Musik auf der Hut vor dem Versuch sein, aus der Puja eine Art emotionale Erfahrung zu machen, für die sie nicht gemacht ist.

Zweifellos ist eine Tibetische Puja sehr spannend, aber wir dürfen nicht vergessen, dass sie sich über einige hundert Jahre hinweg entwickelt hat. Es hat wenig Zweck für uns etwas nachzuahmen, was für die Tibeter authentisch ist, für uns aber notwendigerweise zu viele exotische Effekte hat. Lieber eine langweilige, aber authentische Puja in dem Sinne, dass wir unseren ureigenen Ausdruck darin finden, als eine aufgepeppte Puja, in der wir „spirituelle Unterhaltung" für uns selbst darbieten. Ohne Zweifel werden wir in Zukunft alle möglichen Arten unterschiedlicher Pujas im Zusammenhang mit bestimmten Buddhas und Bodhisattvas entwickeln. Aber jedes Experiment – mit Musik oder anderen Mitteln – sollte Ausdruck von Hingabe und nicht von Langeweile sein. Da ist gewissermaßen überhaupt kein Raum für Experimente. Man kann es nur besser machen. Davon abgesehen mag umfangreichere Musik durchaus im Rahmen eines Festtages angebracht sein, entweder vor oder nach einer Puja.

Ein weiterer bedeutender Aspekt der traditionellen tibetischen Puja ist ihre Länge. Die Siebenfältige Puja liefert eher einen Grundrahmen, und es ist sicher eine gute Idee, von Zeit zu Zeit eine große Puja abzuhalten. Aber Sie werden merken, falls Sie jemals an einer tibetischen Puja teilnehmen, dass sie nicht nur von zahlreichen Mantras unterbrochen wird, sondern auch von einfachen Erfrischungen. Alle 45 Minuten wird Tee gereicht, alles Teil der Puja. In diesem Sinne sollte der Organisator einer entsprechend langen Puja im westlichen Kontext realistisch sein und wissen, wie lange man mit vollem Enthusiasmus dabei sein kann.

Auf der anderen Seite ist es auch bei einer 20-Minuten-Puja (mit der üblichen kurzen Lesung nach dem 6. Abschnitt) allzu leicht, mit der Aufmerksamkeit abzudriften, es sei denn, Sie praktizieren die Puja in einer sehr kleinen Gruppe. Man muss sagen, dass allzu leicht vergessen wird, dass die Puja etwas ist, was Sie tun, dass Sie unabhängig davon, wie viele Menschen anwesend sind, nicht einfach nur Teil einer Menge sind.

Wie wir gesehen haben, sollten wir, wenn wir die Puja rezitieren und singen, in erster Linie in eine spirituelle Stimmung kommen, die spirituellen Gefühle, die durch jeden Abschnitt repräsentiert werden. Wenn wir an einer Puja teilnehmen, arbeiten wir viel mehr auf einer emotionalen und spirituellen Ebene als auf einer intellektuellen. Aber zu anderen Zeiten ist es wichtig, am Text der Puja zu arbeiten, damit wir unser Verständnis dessen, was hinter dem Text steckt, vertiefen und darüber reflektieren können, wie wir die Motivationen, die in der Puja ausgedrückt werden, in unserem Alltagsleben ins Spiel bringen können. Den Text zu studieren ist eminent wichtig. In der Tat hilft das Studium des *Bodhicaryāvatāra* dabei, unser Verständnis und unser Erleben der Puja zu erweitern. In den folgenden Kapiteln werde ich mich jeweils auf einen Abschnitt der Puja konzentrieren und werde sowohl die Verse des *Bodhicaryāvatāra* als auch die Übersetzung von Matics näher beleuchten. Wir beginnen, wie die Siebenfältige Puja beginnt, mit Verehrung.

5. Verehrung

Mit Mandaravablüten, blauem Lotus und Jasmin –
Mit allen bezaubernden, duftenden Blumen
Und kunstvoll geflochtenen Blütengirlanden
Verehre ich die Fürsten der Weisen, denen alle Ehre gebührt.
Ich hülle sie in Wolken von Rauch
Mit schwerem, süßem, berückendem Duft.
Erquickende Tränke und labende Speise
Bringe ich ihnen zum Opfer dar.
Ich spende Lampen aus Edelsteinen,
Die in Ketten goldener Lotusse hängen.
Auf die parfümbesprengten Fliesen
Streu´ ich den schönsten Blumenflor.
(Bennett)

Mit den Blüten des Korallenbaumes, mit blauem Lotus, Jasmin und
derlei Dingen; mit allen duftenden und prächtigen Blumen; ich verehre die
verehrungswürdigsten großen Weisen mit wunderschönen Blumengirlanden. Ich
hülle sie in Wolken von Duft, beglücke den Geist mit starken, sich ausbreitenden
Aromen und biete verschiedene feuchte und trockene Speisen sowie Getränke an.
Ich bringe Lampen dar, die an Girlanden aus goldenen Lotussen hängen. Und
meine schönsten Blüten verstreue ich auf einem parfümbesprengtem Mosaikboden.
(Matics)

Der deutlichste und wohl auch wichtigste Eindruck dieser Verse ist der von Schönheit – spiritueller Schönheit. Selbst wenn wir nichts vom Dharma oder der Siebenfältigen Puja wüssten, würden uns diese Verse schon beim offenen, empfänglichen Zuhören diese besondere Schönheit vermitteln. Es werden zwar weltliche, sinnliche Dinge genannt – Blumen, Lampen und Juwelen –, aber das entstehende Bild ist sicherlich eher von spiritueller als weltlicher Schönheit. Und wenn diese höhere Schönheit zum Objekt wird, dann ist die entsprechende subjektive, natürliche Antwort hierauf das Gefühl von gläubigen Vertrauen und Hingabe.

Indem wir verfeinerter sinnlicher Schönheit Raum geben, schaffen wir eine Atmosphäre für Vertrauen und Hingabe. Sowohl die Worte der Puja wie auch alles andere darum herum sollten diese Stimmung, diese Gefühlslage, diese Art von Atmosphäre vermitteln. Der Schreinraum, in dem Puja gefeiert wird, sollte immer schön gestaltet sein, bis ins letzte Detail. In der gesamten buddhistischen Welt wird großer Wert auf den Schrein und den Schreinraum gelegt: Sie sollten sauber sein, hell, freundlich und schön. Der zentrale Punkt des Schreins, das Buddha-Bildnis oder die Rupa, hat großen Einfluss auf den Gesamteindruck. Es ist wichtig, ein Bildnis zu wählen, das uns nicht einfach an den Buddha erinnert, denn letztlich wissen wir ja, dass es um Buddha geht. Es sollte ein Bildnis sein, das uns durch seine reine ästhetische Präsenz etwas von der Buddha-Natur, von Erleuchtung vermittelt. Ein Buddha-Bildnis ist nicht nur einfach ein Mittel, um mechanische Hingabereflexe auszulösen. Es sollte vielmehr ein Kunstwerk sein, ein Objekt verfeinerter, spiritueller Schönheit – dasselbe gilt für alle weiteren Accessoires. Zum Beispiel sollten wir auch auf die Farbe des Tuches achten, das wir für den Schrein nehmen. In buddhistischen Ländern wird oft Gelb und Rot in Verbindung mit allem Religiösen oder Spirituellen verwendet. Aber es gibt keine Regeln in Bezug auf Farben, solange der gesamte Effekt einer von spiritueller Schönheit ist.

Der Tisch oder das Podest, auf dem das Buddha-Bildnis steht, sollte übrigens nicht Schrein genannt werden, denn ein Schrein ist einfach ein Ort, an dem ein heiliges Bild, manchmal auch ein heiliges Relikt, aufbewahrt wird. Das erhobene Zentrum eines buddhistischen Schreins sollte aber auch nicht als Altar bezeichnet werden, denn ein Altar ist genau genommen ein Ort oder ein Tisch, auf dem Opfer dargebracht werden. Ursprünglich waren dies Tiere, in manchen frühen Gesellschaften auch Menschen, die dort geschlachtet wurden. Später wurden eher Früchte und Blumen als Opfergaben verbrannt. Der zentrale Ort einer Kirche dagegen kann sehr wohl als Altar bezeichnet werden, weil Christus als Menschenopfer verstanden wird, ein unschuldiger Leidtragender, der an Gott als Sühne für die Sünden der Menschheit geopfert wurde. Aber im Buddhismus gibt es solche Opfer nicht. Das Objekt der Hingabe, das Buddha-Bildnis, wird einfach aus praktischen Gründen auf einen Tisch oder ein Podest gesetzt. Das ist dann kein Altar, sondern einfach ein Bildertisch. Wenn Sie einen Schrein vorbereiten oder dabei helfen, dann kann diese Anordnung helfen, Sie in die der Puja angemessene, sich hingebende Gemütslage zu bringen. Und wenn Sie einen Schrein gestalten, dann kann es hilfreich sein, so viel Zeit wie möglich damit zu verbringen. Sie können es zu einem echten Liebesdienst machen. Und genauso wie die Sauberkeit und Schönheit des Schreins den physischen Rahmen für die Puja gestalten, so bereiten auch die Worte dieses ersten Abschnitts der Puja die Atmosphäre, in dem der Eindruck spiritueller Schönheit entstehen kann. Allein in der Gegenwart solcher Pracht fühlen wir uns schon erhoben und hingebungsvoll. Die Eröffnungsverse lassen durch die Erfahrung von Schönheit eine Note spiritueller Freude erklingen und versetzen uns in einen Zustand von Ruhe, Glück und Freude. Hier geht es nicht um strenge, inbrünstige Hingabe – das kommt vielleicht später. Der Grundton dieser ersten Phase, wenn wir den Schreinraum betreten, das Bildnis sehen, die Blumen und die Lampen, ist einfach der innere Gedanke: „Wie schön!" Und davon lassen wir uns erheben.

Genauso wie die Schönheit des Schreins nehmen wir auch die Anmut der Anwesenden wahr. Wir sollten uns selbst also nicht außer Acht lassen, denn auch wir sind Teil der Dekoration. Damit ist nicht nur unsere innere Haltung gemeint. Zu einer Puja in einen wunderschön gestalteten Schreinraum zu gehen, während man selbst zerzaust und schmutzig aussieht, trägt nicht gerade zur devotionalen Atmosphäre der Situation bei. Mönche und Nonnen sind in ihren Roben von vornherein dekorativ gekleidet. In Südostasien tragen die Mönche z.B. gelbe, orange oder safran-farbene Gewänder, männliche Laien-Praktizierende tragen meistens weiß, während die Frauen farbig leuchtende Saris tragen. Der Gesamteindruck ist dadurch sehr bunt und lebendig. Ich möchte die Menschen im Westen dazu ermutigen, sich auch mit Sorgfalt für eine Puja zu kleiden. Vielleicht könnte man einen bestimmten Anzug, ein Kleid oder eine Robe nur für Puja bereithalten, insbesondere für Pujas zu Feiertagen.

Wie wir sitzen, ist auch von Bedeutung. Aus ästhetischer Sicht ist es das Beste, wenn die Teilnehmer einer Puja in geordneten, parallelen Reihen sitzen und nicht einfach da, wo sie gerade sind. Wenn wir zur Puja zusammenkommen, sind wir nicht einfach ein zusammengewürfelter Haufen Leute. Wir sind auch kein Publikum, sondern ein Teil der Drei Juwelen, zumindest symbolisch. Genauso wie das Buddhabildnis aus Holz, Stein oder Metall das Buddhajuwel repräsentiert, die Erleuchtung selbst, und genauso wie die schön gebundenen Bücher buddhistischer Texte auf dem Schrein das Dharmajuwel symbolisieren, so symbolisieren wir, die wir da sitzen aus Fleisch und Blut, das Sanghajuwel, den Aryasangha. Selbst wenn wir keine *Aryas* sind, also noch nicht zu den Edlen gehören, die unaufhaltsam der Erleuchtung entgegengehen, sollten wir dennoch versuchen, den Aryasangha im Kontext der Puja zu symbolisieren. Betrachten wir nun die Verse im Einzelnen:

Mit Mandaravablüten, blauem Lotus und Jasmin.

Aus irgendeinem Grund übersetzt Matics „Mandarava" als „Blüten des Korallenbaums". Mandarava ist eine Blume, die in verschiedenen *Sūtras* auftaucht und wird in der Regel als eine himmlische Blume beschrieben, die nicht auf der Erde wächst. Sie ist riesig groß, wie ein Wagenrad, und scheint in hellem Gold – eine Art himmlische Ringelblume gigantischer Größe, die vom Himmel zur Erde schwebt, wenn der Buddha gerade eine besonders gute Rede gehalten hat. Wenn man also „Mandarava" direkt am Anfang der Puja erwähnt, erschafft man gleich eine archetypische Atmosphäre. Man opfert also nicht einfach weltliche, sondern himmlische Blumen. Wir opfern zudem auch noch blauen Lotus und Jasmin, die beide jeweils einen ganz besonderen Duft haben.

Mit allen bezaubernden, duftenden Blumen
Und kunstvoll geflochtenen Blütengirlanden
Verehre ich die Fürsten der Weisen, denen alle Ehre gebührt.

Blumen sind im Buddhismus die gängigste Opfergabe, hauptsächlich weil sie so schön und für Auge und Nase ansprechend sind, wie Śāntideva sagt. Blumen, die für Indien typisch sind, wie Lotus, Jasmin und Tuberose, sind ganz besonders schön und duften sehr süß. Durch üppige Blumenopfer kann eine außergewöhnliche Atmosphäre von Pracht und Reinheit entstehen. Śāntideva erwähnt auch Girlanden, die die Inder besonders gerne bedeutenden Besuchern und Gästen anbieten. Hindus legen auch ihren Abbildern gerne Girlanden um den Hals. Buddhisten tun das mit Buddhabildnissen üblicherweise nicht. Die Worte „kunstvoll geflochten" (bzw. „schön geformt", wie Matics übersetzt) vermitteln Sorgfalt und Hingabe von jemandem, der viel Zeit und Aufmerksamkeit in die Herstellung dieser Girlanden investiert hat.

Die Gabe von Blumen und Girlanden ist jedoch erst der Anfang. Śāntideva erwähnt noch viele andere Dinge, die geopfert werden: Früchte, Kräuter, Juwelen, Wasser, Berge von Edelsteinen, Waldhaine, Weinstöcke, Bäume, Räucherwerk, wunsch-erfüllende Bäume, Juwelenbäume, Lotusgeschmückte Teiche, der endlos faszinierende Ruf der Wildgänse, Ernten, Getreide. Er opfert alle diese Dinge und bereitet dann ein Bad für die Buddhas und ihre Söhne. Er bietet Gesänge dar, juwelenbesetzte Wassergefäße, in denen Blumen stehen, Duftwässer, Kleider und Schmuck. Es ist alles überreich. Als ich die Triratna-Puja schrieb, habe ich die Aufzählung etwas reduziert, um die westlichen Buddhisten nicht mit zu vielen Opfergaben zu überwältigen. Die von mir ausgesuchten Verse erwähnen nur Blumen, Räucherwerk, Lampen, Speise, Trank und Parfum. Blumen, Räucherwerk und Licht sind die drei traditionellen Hauptgaben in allen Schulen des Buddhismus, die anderen scheinen später hinzugefügt worden sein.

Ich hülle sie in Wolken von Rauch
Mit schwerem, süßem, berückendem Duft.

Oder wie Matics sagt:

Ich hülle sie in Wolken von Weihrauch, die mit dichten,
sich ausbreitenden Düften den Geist erfreuen.

Räucherwerk, das hier als „den Geist erfreuend" beschrieben wird, süß und berückend, ist sehr verbreitet in der Puja und hat offensichtlich die Aufgabe, einen unserer einflussreichsten Sinne einzubeziehen, um beruhigend und erbaulich zu wirken. Durch das Einatmen von etwas Angenehmem wird unser Geist durch die Sinne beeinflusst. Aber wie funktioniert das genau? Unser Geruchssinn ist eine seltsame Sache. Wenn wir z.B. von unangenehmen, vielleicht sogar ekelhaften Gerüchen umgeben sind, wird uns das eher zum Rückzug bewegen. Wir möchten uns entfernen, und wenn wir das nicht können, kann es passieren, dass wir ärgerlich werden. Das kann in unseren biologischen Anlagen liegen und damit zusammenhängen, dass Menschen sich besser von Dingen fernhalten, die einen schädlichen Effekt auf sie haben könnten. Die meisten üblen Gerüche entstehen nämlich im Zusammenhang von Verfall und Tod, etwas Verwesendem, mit Dingen also, die man besser nicht essen sollte.

Ein sehr angenehmer, lieblicher Duft hingegen versetzt uns hingegen in eine Stimmung von Willkommen-Sein, Offenheit, Glück, Befriedigung und Freude. Es ist, als ob duftende Aromen die olfaktorische Entsprechung dessen sind, was wir an visuellen Objekten als Schönheit empfinden, wobei unser Sehsinn sehr viel feiner ist als unser relativ grober Geruchssinn. Weniger offensichtlich als beim Sehen, dafür unmittelbarer, körperlicher und sinnlicher, kann der er fast hormonelle Reaktionen hervorrufen. Wenn also unser Geruchssinn angeregt ist, nehmen sowohl Körper als auch Geist an der Puja teil, und so wird einer der Hauptwege versperrt, die leicht zu Ablenkungen führen.

Man kann auch feststellen, dass die Atmosphäre durch das Abbrennen von besonders viel Räucherwerk für eine Weile in eine besondere Schwingung versetzt zu werden scheint. In den östlichen Traditionen wird der Räucherduft gleichgesetzt mit der Anwesenheit von Göttern und *Devas*. Ein burmesischer Freund, bei dem ich sechs Monate in Kalimpong wohnen durfte (er wäre wahrscheinlich der König von Burma gewesen, wäre Burma zu dieser Zeit noch eine Monarchie und nicht eine Republik gewesen), hat diesen Gedanken sehr wörtlich genommen. Als ich ihn kennenlernte, war er ungefähr sechzig Jahre alt. Er und seine Frau bewohnten einen Bungalow, und ich wohnte in einem weiteren kleineren Gästehaus etwas weiter unterhalb. Beide glaubten in voller Überzeugung an *Devas* und er erzählte mir, dass seine Frau sie sehen konnte. Er selbst konnte sie nicht sehen, aber immer, wenn sie anwesend waren, war da dieser gewisse wahrnehmbare Duft, wie es in den traditionellen Geschichten überliefert wird. Er war überzeugt, dass die *Devas* eine besondere Verbindung mit dem burmesischen Königshaus hatten, dass sie ihm zu Diensten waren. Ihm zufolge versorgten sie ihn und die Prinzessin mit Geld. Die Prinzessin feierte für gewöhnlich Puja in den späten Morgenstunden, und wenn sie die Buddhafigur anhob, fand sie darunter häufiger Geldnoten. (Ihre Freunde hatten dafür eine profanere Erklärung.)

Mein burmesischer Freund war sehr daran interessiert, dass ich auch Erfahrungen mit den *Devas* machen sollte, die nach der Beschreibung seiner Frau winzige, fast wie Glühwürmchen leuchtende Erscheinungen waren.

Eines Abends sprach er über die *Devas* in seiner gewohnten, leicht aufgeregten Art: „Ich werde die Prinzessin bitten, dir eine hinunter zu schicken." Also saß ich da und wartete ungefähr eine halbe Stunde auf ihn. Während er weg war, passierte etwas Merkwürdiges. Ich nahm einen starken Geruch wahr. Ich war mir sehr sicher, dass es der typische Geruch von Jasmin war. Während ich noch darüber nachdachte, kam er wieder herunter gerannt und fragte mich: „Hast du die *Devas* gesehen?" Ich antwortete: „Nein, ich habe keine *Devas* gesehen, aber ich habe einen sehr starken, jasminähnlichen Duft gerochen." Darüber war er sehr erfreut und sagte: „Doch, die *Devas* haben dich besucht, das war ein sicheres Zeichen."

Man kann aus dieser Geschichte machen, was man möchte. Aber eine recht überzeugende Interpretation dieser Erfahrung ist, die *Devas* als höchst heilsame Geisteszustände zu verstehen. Der mittelalterliche Ausdruck „ein

Duft von Heiligkeit" könnte, wie einige Berichterstatter respektlos vorschlugen, bedeuten, dass die christlichen Heiligen sich nicht gewaschen haben. Es könnte aber auch aus der Tatsache entstanden sein, dass heilsame geistige Zustände sich auch in positiven körperlichen Manifestationen äußern können. Einige können als sehr wohlriechende Düfte wahrgenommen werden. Andersherum können besondere Düfte oder Duftkombinationen helfen, in meditative Zustände zu kommen. Verschiedene Räucherstäbchen haben unterschiedliche Effekte. Als ich z.B. in Indien lebte, zog ich morgens tibetische Räucherstäbchen vor. Sie waren frischer und luftiger und dufteten nach Kiefer. Abends benutzte ich das süßere indische Räucherwerk. Statt also automatisch nach irgendeinem Räucherstäbchen zu greifen, sollten wir uns ihrer besonderen Wirkungsarten bewusst werden und sie dementsprechend auswählen. Wenn Sie sich also ziemlich lustlos und dumpf fühlen, nehmen Sie ein Räucherstäbchen, das einen stimulierenden Effekt hat, als ob Sie draußen sitzen würden. Ich würde einen schönen Rosenduft vorschlagen. Wenn Sie sich aber ruhelos und aufgeregt fühlen, dann nehmen Sie ein Aroma, das einen beruhigenden Effekt hat. Aber auch das sollte edel, klar und sauber sein, wie z.B. einfaches und preiswertes Sandelholz statt der billigen, chemisch hergestellten Benzolprodukte. Wenn wir auf diese Dinge achten, können wir das devotionale Beiwerk wirklich effektiv nutzen.

Erquickende Tränke und labende Speisen
Bringe ich ihnen zum Opfer dar.

Im englischen Original:

I make them offerings of food, hard and soft,
And pleasing kinds of liquids to drink.

Nahrung, „hart und weich" – könnte man auch mit trocken und feucht übersetzen. Das wäre keine besondere buddhistische Ausdrucksweise, sondern eine typisch indische Klassifikation von Gerichten. „Feucht" oder „weich" bezieht sich auf Reis, Linsen und Curries, und „hart" auf gebackene Dinge wie Chapaties (Fladenbrot) oder Süßigkeiten. Man meint Nahrung im Allgemeinen und die verschiedensten Arten von Speisen. Wenn wir also einem Buddhabild Essen und Trinken opfern, dann stellen wir uns vor, wir würden einen Gast, einen lebendigen Menschen, einladen, mit uns zu essen. Dazu lohnt es sich, die kulturhistorischen Hintergründe zu betrachten.

Die Puja, ob sie buddhistisch oder hinduistisch ist, hat ihre kulturellen Wurzeln in der Tradition der indischen Gastfreundschaft, auf deren Beachtung großer Wert gelegt wird. Es wird erwartet, dass Gäste, die unangemeldet zu Besuch kommen, in einem Geist tief empfundener Großzügigkeit und Beachtung ihrer Bedürfnisse willkommen geheißen werden. Vielleicht sind sie zu Fuß gekommen und ihre Füße sind staubig. Also gibt man ihnen zuerst Wasser zum Waschen der Füße. Danach gibt man ihnen Wasser zum Trinken, um ihren Durst zu löschen. Als nächstes grüßt man sie, indem man Girlanden wunderschöner Blumen um ihren Hals hängt, die den Gast mit ihrem wohlriechenden Duft erfrischen. Es können auch Räucherstäbchen angezündet werden, um die Moskitos fernzuhalten, genauso wie eine Lampe, falls es dunkel wird.

Manchmal werden Lampen vor den Gästen als ein Willkommenszeichen hin- und hergeschwenkt. Dieses Schwenken der Lampen, arati genannt, spielt eine recht wichtige Rolle in der modernen hinduistischen Puja. Das ist häufig abends in hinduistischen Tempeln zu sehen. Sie haben einen „Lampenbaum", wie man es dort nennt, den man vor dem Bild dreht. Indische Buddhisten machen dies für gewöhnlich nicht, sie opfern nur Kerzen. Aber in beiden Fällen liegt der Ursprung in dem Licht, das angezündet wird, wenn ein Gast ankommt, da dies für arme Menschen eine Art Luxus ist. Nachdem nun so eine Lampe angezündet oder sogar geschwenkt wurde, benetzt der indische Gastgeber seinen Gast mit Parfüm und dann gibt er ihm natürlich etwas zu essen. Und wenn Frauen oder Mädchen im Haushalt sind, die Musik machen können, werden sie gebeten die Gäste damit zu unterhalten.

Im Westen haben wir diese Tradition nicht. Vielleicht gab es sie früher einmal, zumindest in christlichen Klöstern. Die Mönche wurden angewiesen, jeden Gast so zu behandeln, als würde Christus selbst bei ihnen um Schutz bitten. Aber heutzutage ist ein Gast jemand, den man einlädt und der zu einer bestimmten Uhrzeit zum Essen kommt. Manche Leute mögen einfach keine Gäste, weil sie stören, besonders wenn sie uneingeladen vorbeikommen. Das Wort „Gast" heißt im Sanskrit „*atithi*." *Tithi* ist eine Zeiteinteilung, wie z. B eine Stunde. *Atithi* ist also jemand, der nicht zu einer besonderen Zeit kommt. Ein Gast ist also niemand, den man zu einer bestimmten Zeit einlädt. Ein atithi ist der unerwartete Gast, der plötzlich auftaucht und dem man verpflichtet ist, Gastfreundschaft einfach deshalb anzubieten, weil er ein Fremder ist und Essen, Trinken und Schutz braucht.

Weil unser Leben heute nicht mehr so gemächlich und frei ist, wie es vor einigen Jahrhunderten war, werden unerwartete Gäste heutzutage als Störung in unserem straff durchorganisierten Zeitplan gesehen. Das unterscheidet sich sehr von der indischen Tradition, wo man sich geehrt fühlt, einen unerwarteten Gast empfangen zu dürfen. Im alten Indien, im Hinduismus, ging man sogar soweit zu sagen, dass die einzige Rechtfertigung, die es für ein Leben eines Haushälters gibt, die sei, dass es einem ermöglicht, Gäste bewirten zu können. Als westliche Buddhisten müssen wir wieder ganz von vorne anfangen und unser Gefühl für Gastfreundschaft wieder neu entdecken. Vielleicht müssen wir ein bisschen mehr daran arbeiten, neue Menschen freundlicher zu empfangen, nicht nur bei uns zu Hause, sondern auch in unseren Buddhistischen Zentren.

Die Tradition der sieben oder acht Opfergaben entstand auch aus dieser indischen Tradition der Gastfreundschaft. Sie könnten alle tatsächlich auf dem Schrein bereitgestellt werden: Wasser zum Waschen der Füße, Wasser zum Trinken, Blumen, Räucherstäbchen, Parfum, Licht und Nahrung. Die nicht unbedingt vorgeschriebene achte Opfergabe, Musik, könnte durch ein kleines Paar Zimbeln auf dem Schrein dargestellt werden. Aber meistens werden die sieben oder acht Opfergaben durch sieben oder acht Schalen mit Wasser symbolisiert.

Die Gabe dieser Geschenke, die ursprünglich im Rahmen des indischen sozialen Lebens einem ehrwürdigen Gast angeboten wurden, verdeutlicht eine Haltung den Buddha in der Welt willkommen zu heißen. Der Buddha ist der Gast, der überraschend und völlig unerwartet in unsere Welt kam, aus einer völlig anderen Dimension – der Dimension der Erleuchtung. Dieser Brauch beinhaltet also, dass wir das Bild wie eine lebendige Person behandeln. Weil das aber Westlern oft schwer fällt, ist es am besten, die Opfergaben einfach zu halten. Wenn wir in einer christlichen Tradition groß geworden sind, wird unsere einzige Erfahrung mit Opfergaben bestimmt die des Erntedankfestes sein, wo die ersten Früchte, Weintrauben, Äpfel, Mais und Brote geopfert werden.

In einigen Formen des Buddhismus (und auch im Hinduismus) werden zudem die Bildnisse gebadet, angezogen und geschmückt. Dann gibt man ihnen etwas zu essen und nimmt sie mit auf eine Ausfahrt – manchmal sogar, um andere Bildnisse zu treffen. Das ist den Hindus besonders wichtig: Sie nehmen ihre Bildnisse zu Besuch von anderen Göttern und Göttinnen, die dann diesen Besuch wiederum erwidern, woraus jedes Mal eine feierliche Prozession durch die Straßen entstehen kann. Die Bildnisse werden abends zu Bett gebracht und morgens mit Musik geweckt. Hindus spielen geradezu mit ihren Bildnissen, wie Kinder mit Puppen spielen. Gewisse japanische Buddhisten baden sogar ein Bild des kindlichen Buddhas in leichtem, warmem Tee. Das mag vielleicht unsere Art der Hingabe nicht ansprechen und vielleicht sogar absurd erscheinen. Einigen Menschen hilft es aber dabei, zu dem Bildnis eine direkte, menschliche Beziehung einzugehen.

Manche Menschen ziehen schon die Grenze bei Opfergaben aus Speisen und Getränken. In Indien mochte ich persönlich solche Opfergaben nicht wegen der Gerüche: Inmitten wohlriechender Düfte schien der scharf-würzige Geruch eines Curry nicht zu passen. Das ist nicht nur kulturelle Prägung. Wenn unsere gröberen Sinne auf eine Weise stimuliert werden, dass uns z.B. das Wasser im Munde zusammenläuft, ist das zu dieser Gelegenheit eindeutig kein erwünschter Effekt. Die Nepalesen opfern manchmal sogar rohes Fleisch, was noch unpassender ist. Meiner Meinung nach sollte kein gröberer Geruch als der von Parfum in eine Puja gebracht werden. Wenn aber jemand gerne Speisen darbringen möchte, dann sollten es am besten Früchte sein. Wenn aber auch Speisen und Getränke nicht angebracht erscheinen, dann kann man auch einfach Blumen, Lichter und Räucherwerk geben oder man kann sich die Blumen als Opfergabe denken, die Kerze als Lichtspender und das Räucherstäbchen als Beitrag zu einer angenehmen Atmosphäre.

In einer anderen hinduistischen Tradition, die auch in einigen Ländern des Mahāyāna-Buddhismus gebräuchlich ist, werden die Opfergaben im Anschluss an die Puja verspeist. Das macht die Puja indirekt zu einem Anlass für ein Festgelage. Manche Leute erklären diese Angewohnheit so, dass sie aus Hingabe dem Buddha nur das anbieten, was sie auch selbst essen. Das kann aber zu Verwirrung führen. So werden immer mehr Opfergaben vor das Bildnis gelegt, weil man anschließend mehr von dem bekommt, was die Hindus *prasad* nennen. Aber die Bedeutung von Opfergaben ist symbolisch und ihr symbolischer Wert sollte nicht durch einen profanen Konsumwert für die Verehrenden beeinträchtigt werden. Essen und Hingabe sollten klar getrennt werden. Im Buddhismus sind sie nicht traditionell verbunden, auf jeden Fall nicht im frühen Buddhismus.

Ich spende Lampen aus Edelsteinen,
Die in Ketten goldener Lotusse hängen.

Es gibt mehrere Gründe, warum wir Lampen bzw. Licht opfern. Vor der Zeit des elektrischen Lichts brauchte man, wenn man eine Puja feiern wollte, natürlich auch Licht. Aber viel wichtiger ist die tief greifende und universelle symbolische Bedeutung. Licht ist Wissen, Licht ist Weisheit, Licht ist Erleuchtung. Dazu kommt etwas, was wir durch elektrisches Licht vielleicht vergessen haben: Kerzenlicht ist sehr schön. Traditionell war das geopferte Licht entweder der sanfte, goldene Schein einer Kerze oder einer Öllampe. Das ist ein wertvoller ästhetischer Teil der gesamten angenehmen Atmosphäre. Um also die Anwesenheit von Licht in der Puja zu erklären, müssen wir uns nur seine archetypische Bedeutung und die ihm eigene Schönheit vor Augen führen, vor allem die von natürlichem Licht. Ich persönlich mag den Anblick moderner, mit tausenden von Glühbirnen und Neonröhren erleuchteter Tempel nicht. Manchmal zeigen sie sogar den Buddha mit einem Heiligenschein aus nackten Glühbirnen. Vielleicht ist das ja ein Ausdruck von Hingabe, dann ist es aber ein eher vulgäres, geschmackloses Zeichen von Hingabe, ohne Feinsinn oder spirituelle Sensibilität.
Die hauptsächlichen Opfergaben sind also Blumen, Licht und Räucherwerk. Die Blumen können verstanden werden als die gesamte Natur, das vollständige Leben, denn weil ihre Lebensspanne so kurz ist, sind sie eine sanfte Erinnerung an die Vergänglichkeit. Das Licht erinnert uns nicht nur an das

Licht der Sonne am Himmel, sondern auch an das „Licht" der Erleuchtung. Und der süße Duft der Räucherstäbchen verweist auf die Einbindung auch der gröberen, physischen Aspekte unseres Seins in die Puja. Mit Hilfe dieser Opfergaben bildet die Szene einer Puja eine höhere Ebene der Existenz ab – fast wie ein Modell eines Reinen Landes. Tatsächlich kann man von Beschreibungen des Reinen Landes in Mahāyāna-*Sūtras* den Eindruck bekommen, als wäre es eine große, andauernde Puja. Da sitzt der Buddha (und nicht nur ein Bildnis von ihm) auf einem großen Lotusthron. Blumen regnen vom Himmel und Blumengirlanden werden dargebracht. Ringsum sitzen Menschen und überall wird Räucherwerk abgebrannt. Rezitationen erklingen und der Dharma wird verkündet. Das Leben dort ist eine lange Puja. Und was könnte schöner sein? Wenn wir also während einer Puja im Schreinraum sitzen, vor unserem Buddhabildnis, sollte das ein Vorgeschmack des Reinen Landes Sukhāvatī sein. Das ist der Geist, in dem Puja gefeiert wird.

6. Opfergaben

Nachdem wir während der Rezitation des Abschnitts „Verehrung" in unserer Vorstellung Opfergaben gemacht haben, bringen wir zwischen den Abschnitten „Verehrung" und „Begrüßung" für gewöhnlich echte Opfergaben am Schrein dar (in Form von Räucherstäbchen oder dem Anzünden von Kerzen). An dieser Stelle wird von den Anwesenden gemeinsam ein Mantra gechantet, meistens das Avalokiteśvara. Es kann aber bei besonderen Anlässen auch ein anderes Mantra verwendet werden – zum Beispiel das *Śākyamuni*-Mantra, wenn die Puja besonders dem Buddha *Śākyamuni* gewidmet ist. Im Kapitel 13 werden Mantras genauer besprochen.

Falls sehr viele Menschen an der Puja teilnehmen, können die Opfergaben wegen der langen Zeitbeanspruchung auch ans Ende der Puja verschoben werden. In den meisten Schreinräumen können nur zwei oder drei Menschen gleichzeitig Opfergaben darbringen, was dann bei vielen Menschen recht lange dauern kann. Es hat sich bei Triratna eingebürgert, dass die Person, die die Puja leitet, ihre Opfergabe zuletzt darbringt. Es gibt dazu keine festen Regeln, aber es hat den Vorteil, dass damit das Ende der Opfergaben angezeigt wird.

Sie müssen nicht das Gefühl haben, zu einer Opfergabe verpflichtet zu sein, nur weil Sie an einer Puja teilnehmen. Es wird verstanden und vollkommen akzeptiert, dass Sie Opfergaben machen, wenn Ihnen danach ist, und es andernfalls nicht tun. Niemand sollte es nur der Form wegen tun. Andererseits kann man sich auch entscheiden aufzustehen und ein Opfer zu bringen, obwohl man sich nicht danach fühlt, in der Hoffnung, dass die Handlung das dazugehörige Gefühl hervorbringen wird. Man macht es also nicht bloß der Form halber, sondern aus spiritueller Disziplin, der man Vorrang vor seiner jeweiligen Gemütsverfassung gibt. Es gibt aber keine Regel, wann eine Opfergabe zu geben ist und was gegeben werden sollte. Bei Triratna opfern die Teilnehmer gerne Räucherwerk, aber es gibt viele traditionelle Opfergaben, die man auch darbringen kann. Blumen kommen direkt hinter Räucherwerk.

Manchmal schreiben Menschen Eingeständnisse ihrer ungeschickten Taten oder Vorsätze auf, die ihr Verhalten in Zukunft ändern sollen – vielleicht auf eine kleine Schriftrolle –, um sie dann am Schrein niederzulegen. Das kann eine hilfreiche Art sein zu betonen, dass man das Eingeständnis oder den Vorsatz nicht nur für seine eigene Entwicklung formuliert, sondern als Weg, sich und sein Leben den Drei Juwelen zu weihen. Wir brauchen eigentlich in der Subjektivität oder Eigenartigkeit unserer Gaben nicht zurückhaltend zu sein. Vielleicht spüren wir ein Verlangen, etwas von spezieller persönlicher oder gar psychotherapeutischer Symbolik zu geben. Was wir aber beachten sollten, ist die Gesamtatmosphäre der Puja, die eine Handlung der spirituellen Gemeinschaft in Harmonie ist. Ich würde allgemein sagen, dass allzu originelle Opfergaben in einer gemeinschaftlichen Puja fehl am Platze sind.

Es könnte z.B. sein, dass jemand dem Schrein einige Knochen darbringen möchte, und das könnte einfach unangebracht ein. In der Praxis der Vajrayāna-Tradition gibt es Gelegenheiten, zu denen Dinge geopfert werden, die Körperteile repräsentieren, um zu symbolisieren, dass alle fünf Sinne der Errungenschaft von Erleuchtung gewidmet werden. Das tun die Tibeter gerne auf möglichst konkrete Weise: Sie haben eine Schale, vielleicht eine Schädelschale, gefüllt mit einem Paar Ohren, einer Zunge, einer Nase usw., die alle sehr realistisch aus Teig geformt worden sind. In einer Puja, die einer zornvollen Gottheit gewidmet ist, kann man auch Fleisch, echt oder geformt, als Opfer geben. Im Falle einer Puja der Weißen Tara oder Avalokiteśvaras gibt man aus Tradition eher weiße Opfergaben. Die Opfergaben des Vajrayāna können in einer Puja angemessen sein, die von Praktizierenden gefeiert wird, die das Vajrayāna zumindest etwas verstehen und die Bedeutung dieser Opfergaben im Vorfeld erforscht haben. Aber Praktiken dieser Art müssen ernst genommen werden und sollten nicht auf der Grundlage persönlichen Geschmacks vollzogen werden.

Es ist auch schon vorgekommen, dass Leute dem Schrein etwas dargebracht haben, was besonders bedeutungsvoll für sie war, was sie aber nach der Puja wieder vom Schrein genommen haben. So etwas verwässert das ganze Prinzip von Opfergaben, die ja eine Form von dāna oder Geben sind. Die Buddhistische Tradition ist da sehr eindeutig: Opfergaben, die einmal gegeben worden sind, sollten nicht zurückgenommen werden. Das wäre sonst so, als hätte man jemandem eine Schachtel Pralinen geschenkt und nimmt sie dann zurück, um sie selbst zu essen. Natürlich können dem Schrein auch Sachen nur geliehen werden, um ihn schöner zu gestalten. Aber das ist nicht dasselbe wie eine Opfergabe, die in der Puja während des Abschnitts der Opfergaben dargebracht wird. Diese klare Unterscheidung sollten wir im Gewahrsein halten.

Wenn wir, was wir häufig machen, Räucherwerk vor dem Schrein für die Teilnehmer bereithalten, ist das im engeren Sinne keine Opfergabe mehr, weil sie nicht von denen kommt, die sie darbringen. In diesem Sinn wäre es besser, wenn die Teilnehmer ihre eigenen Opfergaben mitbrächten, denn erst dann wäre es wirkliches Geben. Manchmal, zumindest zu besonderen Gelegenheiten, bringen manche Blumen mit, aber im Allgemeinen sind Menschen im Westen damit eher zurückhaltend. Östlichen Buddhisten würde es nicht im Traum einfallen, etwas zu opfern, was für sie bereitgestellt wurde. Sie vergessen nicht eine eigene Opfergabe mitzubringen, und falls sie es doch einmal vergessen, dann kaufen sie eine von den Mönchen. Es kann sogar sein, dass sie etwas kaufen, was schon einmal von jemanden geopfert worden ist – in Tibet ist es häufig ein Schal. Darüber sollten wir im Westen vielleicht einmal nachdenken, ohne zu streng dabei zu werden. Die Opfergabe ist eine symbolische Handlung und das Wichtigste ist, dass wir dabei das Gefühl des Gebens haben sollten, egal ob wir es buchstäblich tun oder nicht.

7. Begrüssung

So viele Atome es geben mag
In den Milliarden Welten,
So oft verneige ich mich in Ehrfurcht
Vor allen Buddhas der Drei Zeiten,
Vor der Vollkommenen Lehre
Und vor der Ausgezeichneten Gemeinschaft.

Lobpreisend grüße ich alle Schreine
Und Orte, wo die Bodhisattvas waren.
Ich verbeuge mich tief vor den weisen Lehrern
Und allen, die respektvoll zu grüßen sind.
(Bennett)

Mit so vielen Begrüßungen, wie es Atome in allen Buddhafeldern gibt, begrüße ich die Buddhas aller drei Welten (der Vergangenheit, Gegenwart und Zukunft) und den Dharma und die große Gemeinde. Genauso verehre ich alle Schreine und Orte, die mit den Bodhisattvas in Verbindung stehen; und ich verbeuge mich vor verehrungswürdigen Lehrern und Asketen. (Matics)

Der Abschnitt der „Begrüßung" steht für den körperlichen Ausdruck unseres Gefühls von Respekt. Es genügt nicht, unsere Gefühle der Ehrerbietung im Geiste zu spüren. Immer wenn wir ein wirklich starkes inneres Gefühl für etwas haben, wollen wir es natürlich ausdrücken, denn wir sind Wesen mit Körper, Geist und Herz. Etwas ganz zu fühlen, heißt auch, es körperlich zu spüren. Die Niederwerfung oder die Verbeugung, auf die diese Verse verweist, ist der körperliche Ausdruck für den Respekt, den wir für das Ideal der Erleuchtung verspüren.

Von der Bedeutung her finden sich in den beiden Übersetzungen nur kleine Unterschiede. Zu Beginn zeigt sich ein Stück typisch indischer Überschwänglichkeit:

So viele Atome es geben mag
In den Milliarden Welten,
So oft verneige ich mich in Ehrfurcht
Vor allen Buddhas der Drei Zeiten,

Das soll offensichtlich nicht wörtlich genommen werden. Es bedeutet vielmehr, dass Ihr gesamtes Leben eine stetige Begrüßung sein sollte.

Als allererstes werden die Drei Juwelen begrüßt – der Buddha, der Dharma und der Sangha. Um genauer zu sein, werden die Buddhas der drei Zeiten (der Vergangenheit, Gegenwart und Zukunft) gemeinsam mit dem Dharma und der spirituellen Gemeinschaft ehrerbietig begrüßt. Die drei Buddhas der drei Zeiten sind *Dīpaṃkara*, *Śākyamuni* und *Maitreya*.[11] Śāntideva erwähnt sie alle drei anstatt nur Śākyamuni, um der Begrüßung eine breitere, kosmische Perspektive zu geben. Śāntideva ist Mahāyānist und eine der Eigenschaften, die das Mahāyāna vom Hīnayāna unterscheidet, ist seine weitere, universellere Vision. Lama Govinda hebt den wichtigen Punkt hervor, dass die Anerkennung einer Vielzahl von Buddhas über alle Zeiten und Orte hinweg die Tatsache repräsentiert, dass Erleuchtung überall und unter allen Umständen erreicht werden kann, wenn die Bedingungen es erlauben.[12] Es legt die Universalität von Buddhaschaft sowie die Universalität der Lehre des Buddhas nahe. Von daher beinhalten die Worte der Begrüßung, dass wir die Drei Juwelen nicht nur als unser Ideal begrüßen, sondern als universelles Ideal.

---

11 Dīpaṃkara ist traditionell der Buddha, der dem unserem der heutigen Zeit, Siddharta Gautama, vorausgeht, der in der Abstammungslinie der Buddhas Śākyamuni genannt wird. Der Bodhisattva Maitreya gilt der Tradition nach als derjenige, der kommen wird, wenn die Welt einen anderen Lehrer braucht.

12 Lama Anagarika Govinda studierte Tibetischen Buddhismus und hat einige zutiefst einfühlsame Bücher darüber geschrieben. Vgl. insbesondere *Der Weg der Weißen Wolken*, Fischer Taschenbuch; Auflage: 1 (13. Mai 2009) und seine Memoiren *Grundlagen tibetischer Mystik*, O.W. Barth (1999)

Das Wort „*Saddharma*" in der vorletzten Zeile [des Originals und der englischen Übersetzung] bedeutet einfach nur der wahre, der rechte, der gute Dharma. Dieser Begriff findet sich auch im Titel eines sehr wichtigen Mahāyāna-*Sūtras*, dem *Saddharma-Puṇḍarīka*, was soviel bedeutet wie „Weißer Lotus des wahren Dharma."

Weil das Objekt unserer ehrerbietigen Begrüßung die Drei Juwelen sind, die auch das Objekt sind, zu dem wir Zuflucht nehmen, stellt sich die Frage, worin sich die Begrüßung von der folgenden Zufluchtnahme unterscheidet? Wie unterscheidet sich die Begrüßung überhaupt von der vorhergegangenen Verehrung? Tatsächlich steht jeder der Abschnitte für eine bestimmte Antwort auf das Ideal und jede baut auf der vorhergehenden auf. Im Verehrungsabschnitt begegnen wir mit dem spirituellen Ideal. Wir erfreuen uns an ihm und sagen das auch, aber wir tun nichts weiter. Noch haben wir nicht einmal über unsere Beziehung zu ihm nachgedacht. Die Verse im Verehrungsabschnitt erwähnen nur den Buddha. Sie erwähnen weder den Dharma noch den Sangha. Wenn wir das Ideal aber ehrerbietig begrüßen, dann erkennen wir an, dass dieses Ideal etwas sehr viel Höheres ist als wir selbst. Wir sehen die Kluft zwischen uns und ihm, die wir überwinden müssen, wenn wir dieses Ideal umsetzen möchten. Im Abschnitt Zufluchtnahme erscheint es dann so, als begännen wir den Abstand zu verringern. Während der Verehrung nehmen wir den Abstand nicht wirklich bewusst wahr. In der Begrüßung wird er uns bewusst und in der Zufluchtnahme entschließen wir uns, den Abstand aufzuheben, indem wir uns in Richtung Buddhaschaft auf den Weg machen. Allgemein gesagt scheint dieser Aspekt der Hauptunterschied zwischen den drei Abschnitten zu sein und der sie miteinander verbindet.

Angenommen, Sie entdecken auf einer Reise einen wunderschönen Berggipfel in der Ferne. Sie bewundern ihn für seine Schönheit, Sie sehen zu ihm hinauf, genießen den Blick und erfreuen sich an ihm. Das entspricht der Verehrung. An diesem Punkt kommt es Ihnen noch nicht in den Sinn, dass Sie den Gipfel auch erklimmen könnten. Dann denken Sie: „Dieser Berg ist so viel größer als ich. Ihn zu ersteigen wäre bestimmt ganz schwierig." Sie werden also gewahr, wo Sie im Vergleich zu diesem Berg stehen, was gewissermaßen der Begrüßung entspricht. Und wenn Sie die ganze Situation erfasst haben, entscheiden Sie: „Gut, wie auch immer, ich werde diesen Berg erklimmen." und Sie machen sich auf den Weg. Das ist Zufluchtnahme.

Ein anderer Aspekt dieser Unterscheidung zwischen Verehrung und Zufluchtnahme im Buddhismus ist, dass es als angemessen erscheinen könnte, andere Dinge als die Drei Juwelen zu verehren. Aber man kommt immer auf dem Holzweg, wenn man in anderen Dingen als den Drei Juwelen Zuflucht zu suchen würde. Z.B. haben Menschen im Laufe der Geschichte immer gewisse Naturobjekte verehrt. Ein bestimmter Baum oder Felsen mag den Menschen, zumindest in ihrer materiellen Erscheinung, überlegen erschienen sein, sodass sie sich ihm nicht nur verbunden gefühlt, sondern sogar zu ihm aufgeschaut haben. Manche haben den Gedanken weiter gesponnen und stellten sich vor, in dem Baum lebe ein Geist. Der Baum ist die Stätte des Baumgeistes, den sie verehrt haben und dem sie Opfer dargebracht haben. Solche Vorstellungen gibt es in allen animistischen und heidnischen Religionen.

Buddhismus weist diese Reaktion auf Naturerscheinungen nicht zurück. Das hat viele der frühen westlichen Besucher z.B. Burmas erheblich verwirrt. Die Burmesen schienen zwei verschiedenen Religionen zu folgen. Im einen Moment verehrten sie verschiedene Götter und im nächsten Moment brachten sie dem Buddha ihre Verehrung entgegen. Deswegen hielt man den burmesischen Buddhismus für verfälscht durch animistische Naturreligion oder man meinte, die Burmesen seien einfach inkonsequent. Aber eigentlich hatte man die Situation gänzlich missverstanden. Es gibt keine Unvereinbarkeit zwischen Buddhismus und Animismus, sie können recht gut zusammen funktionieren, wie z.B. Heidentum und Buddhismus. Animismus wird als recht gesund angesehen und ich wünsche mir manchmal, wir hätten in Großbritannien noch mehr heilige Steine, Bäume und Höhlen. Leider gibt es nur noch sehr wenige dieser heiligen Stätten. Aber selbst wenn Buddhismus nichts gegen die Verehrung von Hügeln, Bäumen und Steinen hat, nimmt er doch Anstoß an möglicher Zufluchtnahme zu diesen Dingen. Denn wenn wir das tun, nehmen wir die Natur als unseren höchsten Wert in der Erwartung, etwas von ihr zu bekommen, was sie uns nicht geben kann. Der buddhistische Weg ist die Suche nach dem Nicht-Bedingten, und das kann die Natur nicht bieten. Sie kann aber Eigenschaften zeigen, die der Verehrung würdig sind.

Buddhisten glauben auch nicht, dass es falsch sei, eine Reihe von Göttern zu verehren. Die Götter sind machtvollere Wesen als Menschen, die auf höheren, verfeinerten (aber immer noch weltlichen) Ebenen existieren, und vielleicht können sie uns in manchen weltlichen Dingen behilflich sein. Aber auf dem Weg zur Erleuchtung können sie uns nicht helfen; also sollten wir nicht Zuflucht zu ihnen nehmen. Zumindest im Osten ist es für Buddhisten ganz natürlich ihre Eltern zu verehren, in dem Sinne, dass sie ihnen Ehre, Respekt und Dankbarkeit erweisen. Aber auch zu ihnen würde man nicht Zuflucht nehmen, es sei denn, sie sind erleuchtet.

Auch der Buddha hat klar unterschieden zwischen den Anhängern, die ihn verehrten und zu ihm Zuflucht nahmen, und denen, die ihn *nur* verehrten, wie sie jeden charismatischen, mächtigen, einflussreichen Lehrer, also jede Kultfigur, verehren würden. Nicht, dass das Verehren von Kultfiguren grundsätzlich falsch wäre, solange wir bei ihnen nicht Zuflucht suchen. Das Problem ist, dass Kultfiguren fast immer unbedingte Verpflichtung ihrer Anhänger einfordern, sie einer Machtstruktur einverleiben und sie dann ausnutzen.

Übrigens werden die Begriffe „Puja" (Verehrung) und „*vandanā*" (Begrüßung) nicht immer so deutlich voneinander unterschieden, wie ich das hier getan habe. Das kann für einige Verwirrung sorgen. Im Sanskrit sind diese Begriffe nahezu austauschbar, abhängig von Kontext und Gebrauch. „*Vandanā*" kann eine entfernte, nahezu konventionelle Begrüßung andeuten, während „Puja" eher den innig gefühlten Ausdruck meint. Bei Triratna benutzen wir sie aber wie oben dargestellt.

Ich begrüße alle Schreine
Und Orte, wo die Bodhisattvas waren.
Ich verbeuge mich tief vor den weisen Lehrern
Und allen, die respektvoll zu grüßen sind.

Wir zollen den Schreinen – den *caityas* oder *stupas* – unseren Respekt wegen ihrer Verbindung mit dem Leben des Buddhas und auch mit seinem

Körper. Das gleiche gilt für die *„Orte, wo die Bodhisattvas waren."* Im mittelalterlichen Indien wurden alle möglichen Arten von *stupas* und *caityas* an Orten errichtet, an denen der Buddha, als Bodhisattva in vorherigen Leben, verschiedene edle Taten vollbracht und die *pāramitās*[13] geübt haben soll. Da gibt es z.B. die Legende, dass der Buddha seinen Körper als Bodhisattva in einem vorherigen Leben einer verhungernden Tigerin geopfert haben soll.

Als nächstes „verneigen wir uns tief vor den weisen Lehrern", weil sie uns helfen, den Dharma zu üben. Sie nehmen sozusagen den Platz des Buddhas in unserem alltäglichen Leben ein. „Alle, die respektvoll zu grüßen sind" meint jede würdige Person, die dem spirituellen Weg folgt. Unsere Begrüßung fließt auch zu ihnen über.

Die Begrüßung wird nicht nur in Worten ausgedrückt, sondern auch in Form einer Verbeugung. Im Abschnitt Verehrung machen wir Opfergaben oder machen Geschenke. Das impliziert aber nicht zwangsläufig, dass wir die Person, der wir etwas schenken, als uns überlegen ansehen. Geschenke können auch unter Gleichgestellten gemacht werden. (*Puja* kann auch Verbeugen bedeuten, aber in diesem Fall bedeutet es eindeutig, Opfergaben zu machen.) Wenn wir uns jemandem gegenüber verbeugen, erkennen wir bewusst an, dass diese Person höher gestellt ist als wir selbst. Diese Verbeugung ist ausdrücklich in der Zeile erwähnt: „Ich verbeuge mich tief vor den weisen Lehrern." In manchen festlicheren Pujas werfen sich die Teilnehmer an diesem Punkt vor dem Abbild Buddhas nieder. In der Regel verbeugen sich die Menschen aber zwischen den Abschnitten Verehrung und Begrüßung.

Im Osten sind Ganzkörper-Niederwerfungen vor Buddhabildnissen, aber auch vor Mönchen und Lehrern sehr verbreitet. Im Westen müssen wir vielleicht etwas experimentieren, um zu sehen, wie weit wir in unseren kulturellen Zusammenhängen gehen können. Es ist nicht ausreichend, einfach nur die Worte zu rezitieren. Sie sollten durch eine entsprechende Handlung verstärkt werden, aber es gibt verschiedene Arten der Verbeugung: die Ganzkörper-Niederwerfung, die kniende Verbeugung, die halb-

---

13 *Pāramitās*; die sechs Vollkommenheiten, die von Bodhisattvas praktiziert werden, üblicherweise Großzügigkeit, Ethik, Geduld oder Nachsicht, Energie oder Anstrengung, Meditation und Weisheit.

kniende Verbeugung und die anjali-Begrüßung mit gefalteten Händen. Die angemessene Handlung ist sicher zum Teil von kulturellen Gepflogenheiten abhängig: Was in Indien natürlich erscheint, kann im Westen unpassend erscheinen. Aber viel wichtiger dabei sind die Gefühle der Person, die die Handlung vollzieht. Manche im Westen mögen vielleicht verlegen sein, sich zu verbeugen, im Osten dagegen gibt es Menschen, die sich vielleicht zu wenig bewusst sind, warum sie sich verbeugen. Sie machen das häufig mechanisch, ohne darüber nachzudenken, einfach weil es Brauch ist. Ich kannte einmal eine französische Nonne, die den Anschein erweckte, als ob sie ganz dabei sei, aber schon beim Aufstehen ihren Lehrern erzählte, was sie tun sollten, oder begann, sich über irgendetwas zu beschweren.

Manchmal gibt es Einschränkungen durch die Größe des Schreinraums. Vielleicht gibt es nur genügend Platz für einfache Verbeugungen oder nur eine einzige Person kann sich im Namen aller Anwesenden niederwerfen. Es ist aber nützlich, die Verbindung zur Tradition so weit wie möglich lebendig zu halten. Wenn es Platz genug gibt, dann sollte es den Gefühlen jedes Einzelnen überlassen sein, welche Art der Begrüßung er wählt. So war es auch zu Zeiten des Buddhas. In manchen der *Sūtras* finden wir den Buddha sitzend, bereit, einen Vortrag zu halten, während die Zuhörer nacheinander ankommen. Manche von ihnen werfen sich vor dem Buddha nieder, andere grüßen ihn aus der Ferne und wiederum andere setzen sich ohne jegliche Begrüßung. Es wird nirgends darüber berichtet, dass der Buddha irgendetwas dazu gesagt hat. Er hat nie verlangt, dass die Menschen ihn auf eine bestimmte Art begrüßen; er hat es ihnen überlassen. Das sollten wir wohl auch so machen.

Manche Menschen (insbesondere solche, die die Puja zum ersten Mal erleben) reagieren sehr stark auf die Übung der Niederwerfung. Sie denken vielleicht, dass sich so eine sklavische Einstellung ausdrückt. Menschen können tatsächlich außer sich geraten, wenn sie das Gefühl bekommen, einem Bildnis oder einem anderen Menschen zu viel Respekt zollen zu sollen. Solch eine Haltung hat tiefe Wurzeln in der westlichen Zivilisationsgeschichte, wie schon die entsprechenden Gesinnungen der Griechen und der Perser deutlich machen. Als die beiden Kulturen sich erstmals begegnet sind, waren die Griechen schockiert und verärgert über den Brauch der Perser, sich vor ihren Königen zu verbeugen. Die Griechen meinten, dass das vor Menschen völlig unangebracht sei und dass man sich nur vor Göttern verbeugen sollte und das auch nur in sehr zurückhaltender Weise. Nachdem Alexander der Große König von Persien geworden war, verärgerte er einen Teil seiner griechischen Anhänger damit, dass er verlangte, sie sollten ihm nach Art der Perser Respekt erweisen. Die plumpen, deftigen Mazedonier mochten das nicht und fanden, dass Alexander es zu weit triebe. Diesen Argwohn gegenüber Niederwerfungen gibt es also nicht erst seit der Moderne. Er geht bis zu den Griechen zurück und wurzelt in ihrem Humanismus, dem Respekt vor dem Individuum – angefangen bei ihnen selbst.

Ich erinnere mich, dass ein christlicher Priester für einige Tage zu Besuch war, als ich die ersten Wochen meiner Zeit in Kalimpong im Dharmodaya Vihara wohnte. Er war schockiert und in heller Aufruhr, als er sah, welchen Respekt die Newar[14]-Buddhisten mir als Mönchsnovizen entgegenbrachten. Er sagte: „Derartigen Respekt zeigen wir in der katholischen Kirche noch nicht einmal dem Papst gegenüber." Das mag heute wohl so sein, aber noch bis ins 19. Jahrhundert war es Brauch, dem Papst den Zeh zu küssen, wenn man eine Audienz bei ihm hatte. Zu diesem Zweck streckte er ihn den Besuchern entgegen.

In Anbetracht der Assoziationen, die es mit Niederwerfungen gibt, sollten wir bezüglich ihrer Ausführung etwas vorsichtiger und bedachter sein, nicht nur, was unsere eigenen devotionalen Gefühle angeht, sondern auch im Hinblick auf die Empfindlichkeit anderer Anwesender. Nichtsdestotrotz ist eine Art körperlicher Begrüßung wichtig, wenn unsere Emotionen vollständig einbezogen werden sollen und wir uns von der Stufe der Verehrung aus voranbewegen wollen.

---

14 Newar: Eine ethnische Gruppe, die hauptsächlich im Kathmandutal angesiedelt sind.

8. Zufluchtnahme

Heute noch
Nehme ich Zuflucht
Zu den mächtigen Beschützern,
Die sich für das Wohl der Welt einsetzen,
Zu den gewaltigen Siegern,
Die alles Leiden überwinden.

Mit ganzem Herzen nehme ich Zuflucht
Zum Dharma, den sie gemeistert haben
Und der Schutz vor dem Rad der Geburten gewährt.

Ebenso nehme ich Zuflucht
Zur Gemeinschaft der Bodhisattvas.
(Bennett)

Daher nehme ich nun Zuflucht zu den Herren der Erde, die sich um ihren Schutz bemühen, die Eroberer, die alle Furcht fortschaffen; genauso nehme ich Zuflucht zum Dharma, den sie gemeistert haben, der die Furcht vor Wiedergeburt beseitigt: und ich gehe, die Bodhisattvas zu begleiten. (Matics)

Als erstes nehmen wir Zuflucht zu den mächtigen Beschützern, die sich für das Wohl der Welt einsetzen.

Diese Formulierung könnte missverstanden werden, wenn man von der Existenz eines Schöpfergottes ausgeht. Aber es ist nicht so gemeint, dass die Buddhas das Universum bewachen, so wie Christen Gott als den Beschützer sehen, der über alles wacht, oder aber uns vor allen weltlichen Übeln in Schutz nehmen könnte, wenn er es wollte.

Es ist so, dass sie den Weg zur Erleuchtung frei halten. Der Hinweis dafür liegt wahrscheinlich in den nächsten beiden Zeilen, in denen die Buddhas jinas oder „Sieger" genannt werden.

Sie können das Leiden überall überwinden, indem sie ihre eigenen unheilsamen Geisteszustände überwunden haben und andere dazu inspirieren und belehren können, mit eigener Anstrengung ebenfalls ihre unheilsamen Geisteszustände zu überwinden.

Wir nehmen nicht Zuflucht zum Buddha, um Schutz vor weltlichem Unglück zu bekommen. Das heißt, der Buddha ist kein Gott, obwohl diese weit verbreitete Ansicht kaum vollständig aus den volkstümlichen Vorstellungen zu tilgen ist. Die Hindus, besonders die Bengali, nennen ihn oft *buddhadeva* (Buddha Gott) und manche Buddhisten verehren ihn, als wäre er ein Gott. Ein eindrucksvolles Beispiel dieses Missverständnisses erlebte ich, als ich auf einer Reise in Assam war und bei bengalischen Buddhisten übernachtet habe.

Es war Tradition, eine kleine Puja zu veranstalten, und deshalb stellte man ein kleines Bild des Buddhas auf den Tisch, gerade neben das Bild der hinduistischen Göttin *Lakshmi*. Ich war ziemlich erstaunt, dass sie diese Figur verehrten und es wurde offensichtlich, dass sie von mir erwarteten noch vor dem Essen sowohl eine Puja für den Buddha als auch eine für *Lakshmi* zu feiern. Anfänglich war ich unsicher, was ich jetzt tun sollte, da ich noch nie in einer ähnlichen Situation gewesen war, doch dann löste ich das Problem, indem ich ruhig die *Lakshmi*-Figur auf eine Seite stellte, so dass sie während der Puja nicht im Wege stand. Ich habe nichts weiter erklärt, aber ich wage zu behaupten, dass sie verstanden haben, worum es mir ging.

Beim Vers zur Dharma-Zuflucht „den Dharma, den sie gemeistert haben", ist Matics englische Übersetzung mit „the Dharma that is mastered by them" wohl wörtlicher als Mrs. Bennetts „the Dharma they have ascertained". Dennoch liefert „ascertained" hier die passendere Bedeutung. Es bedeutet „die Wahrheit herausfinden oder sich ihrer vergewissern, indem man sie selbst erfährt." Außerdem vermeidet dieser Ausdruck alle unpassenden Annahmen von Macht oder Kontrolle, die der Ausdruck „meistern" suggerieren könnte. Der Dharma, als transzendenter Dharma, wird als „ein sicherer Wohnsitz gegen neue Wiedergeburten" beschrieben. Jemand, der auf dem transzendenten Pfad ist (z.B. jemand, der wirklich Einsicht in die Natur der Realität erlangt hat), ist sicher vor neuen Wiedergeburten, oder erlebt sie nur noch in begrenzter Zahl. Dies ist damit gemeint, wenn von Sicherheit gesprochen wird.

In der dritten Zuflucht, der des Sangha, nehmen wir nicht nur zu einem bestimmten Bodhisattva Zuflucht, sondern zur Gemeinschaft der Bodhisattvas, zum *Aryasangha* als Ganzes.

Hier sollten Bodhisattvas im weiteren Sinne verstanden werden, einschließlich der „Stromeingetretenen" (derjenigen, dessen zukünftiger spiritueller Fortschritt sicher ist), sowie der *Arahants* (im Hīnayāna-Buddhismus Vollerleuchtete, die nicht wiedergeboren werden). Diese nennt man manchmal „Hīnayāna-Bodhisattvas." Wir könnten sie auch beginnende Bodhisattvas nennen, denn sie könnten Bodhisattvas werden, wenn sie sich dazu entschließen.

Es kann beträchtliche Verwirrung über die Idee entstehen, dass es zwei verschiedene Wege gibt, den für den *Bodhisattva* und für den *Arahant*. Im Mittelalter gab es dazu sogar unter den Buddhisten verschiedenen Ansichten. Es gab die Meinung, dass jemand, der auf dem Hīnayāna-Pfad war, nicht mehr zurück konnte, sondern den Weg sozusagen bis ans bittere Ende weiter gehen musste. Als „Stromeingetretener" gab es nur eine Richtung: nach vorne, nämlich zum „Einmalwiederkehrer", zum „Nichtmehrwiederkehrer" und letztendlich zum Arahant. Aber andere Experten sagten, dass es möglich sei, den Weg zu wechseln. Jemand, der dem Hīnayāna-Weg folgt, der schließlich auf des transzendenten Weg gelangt und zu einem „Stromeingetretenen" wird, könnte sich des größeren Mahāyāna-Ideals bewusst werden und daraufhin entscheiden, dem *Bodhisattva*-Pfad zu folgen. Mir scheint, dass der Grund der Verwirrung darin liegt, dass der *Arahant*-Pfad, und wahrscheinlich auch der des *Bodhisattva*, zu eng und starr definiert wurden, was es schwer macht, beide Pfade zusammenzubringen. Der Fehler, wenn man überhaupt davon sprechen kann, lag darin auf dieser sich gegenseitig ausschließenden Weise zu trennen anstatt anzuerkennen, dass beide Pfade nur unterschiedliche Dimensionen des ein und desselben Pfades darstellen.

Historisch gesehen wäre es falsch zu sagen, dass der Buddha den Hīnayāna-Pfad lehrte. Der Buddha hat einfach den Pfad oder Weg gelehrt, der von einigen seiner Anhänger eingeschränkt wurde auf das, was dann als Hīnayāna- oder Arahant-Pfad bezeichnet wurde. Die Mahāyānisten gaben dem Ganzen dann zwar mehr Weite, aber unglücklicherweise verblieb diese neue Sicht im Gegensatz zur früheren, engeren Sicht, und hatte dadurch auch ihre Begrenzungen. Ich selbst finde diese Unterscheidung von getrenntem *Arahant-* und *Bodhisattva*-Pfad nicht hilfreich, auch wenn dies häufig in der kanonischen Literatur zu lesen ist. Sie scheint sich nicht aus den spirituellen Fakten der Situation abzuleiten. Es kann wohl sein, dass man in bestimmten Phasen seiner spirituellen Entwicklung eher des individuellen Aspekts des spirituellen Lebens gewahr ist und zu anderen Zeiten eher des altruistischen Aspekts und jeweils entsprechend handelt. Aber letztendlich müssen wir zu einer Haltung kommen, in der die geistigen Konstrukte von Subjekt und Objekt, Selbst und Andere in diesem sich gegenseitig ausschließenden Sinn ihre Bedeutung verlieren. Von dieser Überzeugung ausgehend gibt es keine Unterscheidung mehr zwischen *Arahant-* und *Bodhisattva-*Ideal. Wenn wir uns dieser Sichtweise anschließen, können wir dem *Saddharma-puṇḍarīka-Sutrā* folgen, in dem es heißt, dass alle drei *yānas* oder „Wege" in einen Einzigen münden. Das Sutrā lehrt, dass sich die drei Wege, der *Śrāvakayāna* (der Weg des Schülers), der *Pratyekabuddhayāna* (der Weg der privaten oder bloß persönlichen Erleuchtung) und der *Bodhisattvayāna* (der Weg des Bodhisattvas), alle im *Buddhayāna* (dem Weg des Buddhas) vereinigen. Wir können sogar so weit gehen uns vorzustellen, dass der Hīnayāna, der Mahāyāna und der Vajrayāna alle zu einem *yāna*, einem Weg oder einem Dharma, verschmelzen.

Darum ist, vom spirituellen Standpunkt aus gesehen, die Frage, ob ein *Arahant* sich zum *Bodhisattva-*Ideal bekennen würde, ziemlich künstlich. Es ist nur eine Frage der Abstimmung unterschiedlicher akademischer Formulierungen. Das ist manchmal recht schwierig, weil die Formulierungen häufig einseitig oder sogar einander ausschließend erscheinen. Daher sollten wir uns einfach als jemanden wahrnehmen, der auf dem buddhistischen Weg, dem Weg zur Erleuchtung, ist. Lehren, die unter dem Etikett „Hīnayāna" zu finden sind, sind dabei sicherlich hilfreich, genauso wie solche unter dem Etikett „Mahāyāna". Wir können weder die einen noch die anderen vernachlässigen. Es sind keine sich ausschließende Wege, zwischen denen wir uns entscheiden müssen. Sie stellen eine unterschiedliche Gewichtung verschiedener Aspekte des spirituellen Lebens dar. Die besondere Gewichtung eines Aspekts kann in einer Phase unserer spirituellen Laufbahn angebrachter sein als in einer anderen Phase.

Wenn wir also zum Dharma und zum Sangha Zuflucht nehmen, sollten wir sie als etwas anerkennen, das sich in allen drei traditionellen yānas des Buddhismus manifestiert, und einen engen, sektiererischen Blick vermeiden. Und wenn wir zum Buddha-Juwel Zuflucht nehmen, sollten wir anerkennen, dass es sich genauso im Leben des historischen Buddhas manifestiert wie in seinen archetypischen Formen und letztlich in seiner absoluten Natur, über die Worte keine Aussagekraft besitzen.

Gleich nach den Versen der Zufluchtnahme rezitieren wir die Fünf Vorsätze bzw. unter Dharmacarinis und Dharmacaris (weiblichen und männlichen Ordensangehörigen, wörtlich „Dharma-Folgenden") die Zehn Vorsätze. Die Rezitation der Vorsätze an diesem Punkt unterstreicht, dass wir uns kraft unserer Zufluchtnahme verpflichten, unser Leben zu verwandeln. Jeden Vorsatz gibt es in einer negativen Formulierung, in der wir uns vornehmen, eine bestimmte nicht-hilfreiche Handlungsweise zu unterlassen, und in einer positiven Form, in der wir uns vornehmen, die entsprechende hilfreiche Handlungsweise zu üben. In der Regel rezitieren wir die negative Formulierung auf Pali und die positive auf Deutsch. Um der Klarheit willen gebe ich sie hier alle auf Deutsch an, aber in Klammern auch die Pali-Begriffe für die verschiedenen Handlungen, die zu unterlassen sind. Die negativen Formulierungen können folgendermaßen übersetzt werden:

Ich nehme mir vor, aufzuhören Leben zu nehmen (pāṇātipātā).
Ich nehme mir vor, aufzuhören das Nicht-Gegebene zu nehmen (adinnādānā).
Ich nehme mir vor, mit sexuellem Fehlverhalten aufzuhören (kāmesu micchācārā).
Ich nehme mir vor, aufzuhören die Unwahrheit zu sprechen (musāvādā).
Ich nehme mir vor, aufzuhören berauschende Mittel
nehmen (surāmeraya majja pamādaṭṭhānā).

Die positiven Formulierungen sind:

Mit Taten liebevoller Güte läutere ich meinen Körper.
Mit Großzügigkeit gebend läutere ich meinen Körper.
Mit Stille, Schlichtheit und Genügsamkeit läutere ich meinen Körper.
Mit ehrlicher und wahrhaftiger Sprache läutere ich meine Rede.
Mit hellwacher Achtsamkeit läutere ich meinen Geist.

Die negative Formulierung der Zehn Vorsätze ist:

Ich nehme mir vor, aufzuhören Leben zu nehmen (pāṇatipātā).
Ich nehme mir vor, aufzuhören das nicht-Gegebene zu nehmen (adinnādānā).
Ich nehme mir vor, mit sexuellem Fehlverhalten aufzuhören (kāmesu micchācārā).
Ich nehme mir vor, aufzuhören die Unwahrheit zu sprechen (musāvādā).
Ich nehme mir vor, aufzuhören mit barscher Rede zu sprechen (pharusavācāya).
Ich nehme mir vor, aufzuhören mit überflüssiger Rede zu sprechen (samphappalāpā).
Ich nehme mir vor, aufzuhören, mit verleumderischer Rede zu sprechen (pisuṇavācāya).
Ich nehme mir vor, von Begierde Abstand zu nehmen (abhijjhāya).
Ich nehme mir vor, von Übelwollen Abstand zu nehmen (byāpādā).
Ich nehme mir vor, von falschen Ansichten Abstand zu nehmen (micchādhiṭṭhiyā).

Die positiven Formulierungen sind:

Mit Taten liebevoller Güte läutere ich meinen Körper.
Mit Großzügigkeit gebend läutere ich meinen Körper.
Mit Stille, Schlichtheit und Genügsamkeit läutere ich meinen Körper.
Mit ehrlicher und wahrhaftiger Sprache läutere ich meine Rede.
Mit freundlichen und liebevollen Worten läutere ich meine Rede.
Mit hilfreichen und friedlich gesinnten Äußerungen läutere ich meine Rede.
Gier löse ich auf in Stille und läutere so meinen Geist.
Hass kehre ich um in Mitgefühl und läutere so meinen Geist.
Unwissenheit verwandele ich in Weisheit und läutere so meinen Geist.

Es erscheinen nur neun Verse in der positiven Liste, weil im sechsten Vers der sechste und siebte der negativen Liste kombiniert werden.[15]

Der Unterschied zwischen der Fünfer- und der Zehnerliste ist kein geringer, sondern ein grundlegender. Zum Beispiel, sobald wir *micchādhittiyā*, also falsche Ansichten, wirklich aufgeben, haben wir mindestens „Stromeintritt" erlangt, also transzendente Einsicht. Das Vorhaben *micchādhittiyā* gänzlich auszurotten, verweist auf eine Verpflichtung auf den Weg der Schauung. Von *abhijjāya* (Begierde) und *byāpādā* (Übelwollen) Abstand zu nehmen, bedeutet Verpflichtung zum Pfad der Verwandlung. Diese Vorsätze sind also nicht nur ethischer Natur wie die anderen; sie haben eine transzendente Bedeutung. Sie orientieren sich an der Erlangung von Einsicht und Weisheit und deswegen geht ihre Bedeutung weit über die soziale und kulturelle Ebene der Fünf Vorsätze hinaus. Deswegen werden die Zehn Vorsätze von Dharmacarinis und Dharmacaris aufgenommen. Um effektiv Zuflucht zu nehmen, muss man bewusst und mit Absicht das Transzendente ansteuern. Die Beachtung der Fünf Vorsätze führt im besten Fall zu einer besseren Wiedergeburt. Wenn man ernsthaft Zuflucht nimmt, möchte man mehr als nur eine gute Wiedergeburt: Man möchte Erleuchtung. Dafür muss man die drei letztgenannten der Zehn Vorsätze üben, denn sie beinhalten die Läuterung des Geistes. Es reicht nicht aus, allein die Taten zu läutern. Es reicht nicht aus, die Rede zu läutern. Man muss den Geist von Verblendung befreien, denn nur so ist Erleuchtung zu erreichen. Obwohl es in buddhistischen Ländern Tradition ist, die Drei Zuflüchten und Fünf Vorsätze zu nehmen und sich dadurch als Buddhist zu sehen, reicht das nicht wirklich aus. Diese Handlungen bringen die wirkliche Bedeutung der Zufluchtnahme für das persönliche Leben eines Buddhisten, für seine Übung und Erfahrung, nicht ausreichend zur Geltung.

Ein weiterer Hauptaspekt der Zehn Vorsätze ist die Erweiterung des Vorsatzes von *musāvādā*, falsche Rede, um drei weitere. Das ist von großer Be-

---

15 Eine Zehnerliste befindet sich zur Zeit in Bearbeitung. Ein Übersetzungsvorschlag für die vier Sprachvorsätze lautet:
4. Mit ehrlicher und wahrhaftiger Sprache läutere ich meine Rede. 5. Mit freundlicher Sprache läutere ich meine Rede. 6. Mit hilfreicher Sprache läutere ich meine Rede. 7. Mit Harmonie stiftender Sprache läutere ich meine Rede.

deutung. Man hätte auch andere Vorsätze erweitern können, aber die Rede ist ausgewählt worden, um die enorme Wichtigkeit der Kommunikation im spirituellen Leben hervorzuheben. Wenn man wirklich nach den Vorsätzen lebt, redet man nicht nur *über* Zufluchtnahme. Dann ist die Rede Zufluchtnahme. Das Medium wird zur Nachricht.

Es gibt noch einen wichtigen Punkt in Hinblick auf die Zehn Vorsätze. Der fünfte der Fünf Vorsätze fällt weg. Dafür gibt es einen spirituellen Grund. Die entsprechende positive Eigenschaft zu diesem Vorsatz ist Gewahrsein. Man könnte sagen, dass der Zustand des Berauscht-Seins, ob teilweise oder vollständig, eine grobe Form der Unachtsamkeit darstellt. Die Geisteszustände, von denen in den Zehn Vorsätzen Abstand genommen wird – *abhijjāya*, *byāpādā* und *micchādhittiyā* –, stehen für die subtileren inneren oder spirituellen Arten des Berauscht-Seins, die viel wichtiger sind, überwunden zu werden. Für jemanden, der gerade beginnt sich für den spirituellen Weg zu interessieren, ist es völlig in Ordnung, zunächst zu versuchen, sich von groben Formen von *moha* oder geistiger Berauschtheit fernzuhalten. Aber jemand, der wirklich auf dem Weg ist, muss auch die subtilen geistigen Rauscharten vermeiden.

Dann ist es recht unwahrscheinlich sich zu betrinken oder Rauschmittel wie z.B. Alkohol auf unachtsame Weise zu gebrauchen. Dieser Vorsatz ist also in den anderen drei enthalten, jedoch auf eine höhere, verfeinerte Ebene gehoben.

In buddhistischen Ländern wird diese spezielle Formulierung der Zehn Vorsätze in der Regel in keiner formellen, feierlichen Weise von Mönchen oder Laien angenommen. Es gibt eine andere Liste von zehn Vorsätzen, die von den *śrāmaṇeras* aufgenommen wird und die sich sehr von dieser unterscheidet.[16] Die Zehn Vorsätze, die von den Ordensmitgliedern von Triratna rezitiert werden, haben jedoch einen traditionellen, sogar kanonischen Ur-

---

16 Vorsätze der *śrāmaṇeras*: Die zehn Vorsätze, die von Novizen und śrāmaṇeras beherzigt werden, schließen die fünf Vorsätze ein, die in Kapitel 8 aufgelistet sind, mit der Modifikation, dass anstelle von sexuellem Fehlverhalten *śrāmaṇeras* sich sexueller Aktivität gänzlich enthalten. Die verbleibenden fünf Vorsätze schließen ein: kein Essen nach Mittag, keine Musik oder Tanz, keine bequemen Betten, kein Tragen von Blumengirlanden, keine Parfüms oder Schmuck, keine Handhabung von Geld.

sprung. Sie sind in den Schriften als eine Liste von zehn hilfreichen Handlungen oder *kusala dhammas* zu finden, die von Menschen rezitiert und geübt werden. Aber in moderner buddhistischer Praxis (außerhalb von Triratna) werden sie nicht weitergegeben oder feierlich aufgenommen. Aus dieser Sicht und obwohl sie traditionell verwurzelt sind, steht ihr formaler Gebrauch und ihre Übung innerhalb von Triratna für einen neuen Aufbruch.[17]

---

17 Mehr über die Zehn Vorsätze finden Sie bei Sangharakshita, *The Ten Pillars of Buddhism*, Windhorse, Birmingham, 1996 bzw. auf http://www.triratna-buddhismus.de/fileadmin/user_upload/Texte/Sangharakshita_Zehn_Pfeiler_d_Buddhismus.pdf

9. Eingeständnis von Fehlern

Alles Schlechte, das ich angehäuft habe –
Ob aus eitler Verstocktheit oder aus Unwissenheit,
Böses im alltäglichen Leben
Wie auch Böses im Sinne der Lehre –
Das alles offenbare ich den Beschützern.

Die Hände in Verehrung gehoben
Und voller Furcht vor dem Leiden
Stehe ich vor ihnen.
Ehrfürchtig verneige ich mich wieder und wieder.

Mögen die Führer dies wohlwollend annehmen,
Mit allen Fehlern, ganz wie es ist.
Was nicht gut ist, ihr Beschützer,
Werde ich nicht wieder tun.
(Bennett)

Was auch immer das Schlechte ist, das sich angesammelt hat, wegen meiner Dummheit und Ignoranz, und was immer an meiner Sprache und meiner Lehre verwerflich ist und was auch immer von Natur aus böse ist: Ich gestehe es alles ein, in Gegenwart der Ehrwürdigen. In Furcht vor dem Leiden und mit gefalteten Händen mich wieder und wieder niederwerfend. Mögen die Führer meine Missetaten und Verstöße annehmen. Was nicht gut war, Ehrwürdige, werde ich nicht wieder tun. (Matics)

Im Wesentlichen ist das Eingeständnis von Fehlern oder *pāpa deśanā* das Anerkennen unserer dunkleren Seiten. Es geht dabei nicht so sehr darum, sich selbst auf die Brust zu klopfen und seine Sünden zu bedauern, sondern vielmehr darum, eine realistische Einschätzung unserer Mängel und Schwächen zu erlangen, so dass sie überwunden werden können. Es bringt auch die Entschlossenheit mit sich, dass wir die dunkleren Seiten in uns überwinden *wollen*.

Um besser zu verstehen, was *pāpa deśanā* im Kontext der Siebenfältigen Puja bedeutet, müssen wir uns an den Verlauf der hingebungsvollen Zustände der drei vorherigen Abschnitte erinnern. Im Verehrungsabschnitt erfreuen wir uns einfach an der Schönheit des spirituellen Ideals. Im Begrüßungs-Abschnitt verneigen wir uns vor dem Ideal, wobei wir den gegenwärtig großen Abstand zwischen ihm und uns klar erkennen. Wenn wir zum Abschnitt der Zufluchtnahme kommen, nehmen wir unseren Mut zusammen und beschließen, diese Lücke zu schließen. Wir machen uns auf den Weg der Zufluchtnahme. Wir beginnen uns aktiv in Richtung des spirituellen Ziels weiterzuentwickeln. Aber sobald wir mit diesen Bemühungen begonnen haben, stellen wir fest, dass uns vieles vom Weg abhält – unsere schlechten Angewohnheiten und alle erdenklichen unheilsamen Handlungen, die wir begangen haben. Wir stellen fest, dass wir in mancher Hinsicht in keinem guten Zustand sind. Daher ist der nächste Schritt, diesen Umstand anzuerkennen und einzugestehen – nicht nur in der Tiefe unseres Herzens, sondern auch vor der spirituellen Gemeinschaft. Auf diese Weise beginnen wir etwas von der Last abzuwerfen, die uns daran hindert, auf den Gipfel der Erleuchtung zu steigen. Das ist Eingeständnis im buddhistischen Sinne und es folgt auf natürliche Weise der Zufluchtnahme.

Natürlich haben Menschen mit christlichem, besonders katholischem Hintergrund möglicherweise eine andere Vorstellung von Eingeständnis. Man denkt da eher an Menschen, die sich in eine kleine Kiste quetschen und durch ein Gitter zu jemandem auf der anderen Seite flüstern, der sich all die schäbigen Details anhört und ihnen dann die Absolution erteilt, so dass sie fehlerlos und rein fortgehen können, um all das Schäbige immer wieder zu tun. In diesem Fall ist die Person, die beichtet, nicht in großer Angst vor dem Leiden, der natürlichen Konsequenz von Bosheit, sondern vor Bestrafung, auferlegt von einer äußeren Autorität. Diese Bedeutung von Eingeständnis hat nichts zu tun mit der buddhistischen Praxis von *pāpa deśanā*.

„Das Schlechte, das ich angehäuft habe" entsteht aus den unheilvollen Geisteszuständen, die uns davon abhalten, Zuflucht zu nehmen. Sie wurzeln im Grunde alle in Gier, Hass und Verblendung, obwohl sie manchmal auch sehr subtile Formen annehmen können. Mrs. Bennetts Übersetzung passt hier am besten. Matics' „angesammeltes" Schlechte suggeriert etwas Passives wie Zinsen, die sich auf unserem Konto ansammeln, ohne dass wir aktiv daran beteiligt sind. Aber „angehäuftes" Schlechtes betont die aktive Rolle, die wir spielen, wenn wir Schlechtes aufhäufen wie Erde oder Sand. Es scheint sogar die vollkommene Lächerlichkeit dessen zu betonen, was wir die meiste Zeit über tun. Wir mögen vielleicht denken, dass wir alle möglichen unterschiedlichen Dinge tun, aber eigentlich ist das meiste davon schlicht Anhäufen von Schlechtem und die Stärkung der Fesseln, die uns auf dem spirituellen Pfad zurückhalten. Das ist es, womit wir die meiste Zeit verbringen: eifrig Schlechtes anhäufen.

Die nächste Zeile „durch meine Unwissenheit und Dummheit" weist auf die wesentliche Ursache all dieser unheilvollen Aktivitäten hin: Unwissenheit in Bezug auf fundamentale Prinzipien und Dummheit in Bezug auf deren Anwendung im alltäglichen Leben. Wenn wir unsere wesentlichen Prinzipien falsch verstehen, wenn wir uns ihrer nicht bewusst sind, ist das Unwissenheit. Und wenn wir es trotz einiger Bewusstheit hinsichtlich der Prinzipien aber doch nicht schaffen, sie in unserem alltäglichen Leben richtig anzuwenden, ist das Dummheit. Unwissenheit ist eher theoretisch, Dummheit eher praktisch.

Matics' Übersetzung folgt Śāntideva recht streng, indem sie die bösen Taten auf die alltäglichen Erlebnisse eines Mönchs fokussiert, z.B. auf Reden und Lehren. Mrs. Bennett vermeidet diese offenbar enge Auslegung des Verses, und das macht ihre Übersetzung hilfreicher.

„All das offenbare ich den Beschützern."

Das entscheidende Wort hier ist „all." Es ist nicht einfach, alles einzugestehen. Gewöhnlich schummeln wir, wir rationalisieren, wir halten etwas zurück. Und wir tun dies aus Angst: Angst vor Veränderung, Angst davor, die Aktivität aufzugeben, die wir eingestanden haben. Sehr oft sind wir nur gewillt, Dinge einzugestehen, die uns nicht so wichtig sind oder von denen wir nicht wirklich denken, dass sie Sünden oder Verstöße sind. Wir gestehen möglicherweise Dinge ein, auf die wir insgeheim eigentlich stolz sind. So wird Eingeständnis fast zur Prahlerei. Aber die Dinge, für die wir uns wirklich schämen, von denen wir wirklich denken, dass sie falsch und schlecht sind, können wir nur sehr schwer eingestehen. Wir trauen uns kaum, an sie zu denken. Wir sollten uns dieser Tendenz immer bewusst sein und versuchen zu sehen, womit wir zurückhalten: ja, ob wir überhaupt eingestehen. Es besteht ein Unterschied darin, ob man Menschen lediglich von Schwächen erzählt oder sie eingesteht, und es ist manchmal schwer, beides voneinander zu unterscheiden, sogar für uns selbst.

Wenn wir wirklich eingestehen, dann geben wir zu, dass das Eingestandene schlecht ist. Wir fühlen uns deswegen vielleicht beschämt und wir sind uns auch bewusst, dass diejenigen, denen gegenüber wir das eingestehen, es als schlecht ansehen. Sie werden es nicht als etwas Unbedeutendes abtun, als etwas, das nicht so wichtig ist. Im Gegensatz dazu gibt es Taten, die nur hinsichtlich unserer Konventionen für schlecht gehalten werden. Wir mögen uns vielleicht schlecht wegen solcher Taten fühlen und sie in aller Aufrichtigkeit eingestehen, um dann festzustellen - mit der Hilfe unserer spirituellen Freunde -, dass sie tatsächlich nicht unheilsam waren, sondern nur konventionell als falsch angesehen werden. Wir müssen lernen zu unterscheiden zwischen natürlicher Moral - dem ethischen Verhalten, das von den Vorsätzen vorgeschlagen wird - und konventioneller Moral, die lediglich auf den Vorstellungen der Gesellschaft beruht, was wir tun und lassen sollen.

Das Kennzeichen von Eingeständnis ist das Gefühl von Scham, obwohl auch „Scham" nicht das ideale Wort dafür ist. „Schuld" ist sicherlich nicht das richtige Wort. Schuld wird damit verbunden, „gegen eine höhere Macht verstoßen zu haben", von der man emotional abhängig ist. Wenn Sie etwas eingestehen und sich schuldig fühlen, dann leiden Sie wahrscheinlich unter der christlichen Vorstellung von Sünde, die immer noch in unserer Gesellschaft fortlebt. Das Gefühl, welches aufrichtiges Eingestehen begleitet, ist eher eines von intensivem Bedauern, insbesondere, wenn der Fehltritt einer anderen Person Leiden verursacht hat. Wenn Sie sich klar machen, dass Ihre dumme Tat jemanden verletzt hat, vielleicht sogar irreparabel, dann werden Sie sich wirklich wünschen, Sie hätten das nicht getan. Sie werden es wirklich als schlecht erkennen. Eingeständnis ist also nicht nur ein kaltes, objektives Erkennen, das Aufzählen unserer Verstöße gegen die Vorsätze, sondern etwas wirklich tief aus dem Herzen Kommendes. Es sollte ein emotionales Erlebnis sein. Die meisten von uns hatten solch ein Erlebnis irgendwann in ihrem Leben – dass wir erkennen mussten, dass wir etwas falsch gemacht haben, was zu Schmerz, Leid und Schwierigkeiten für andere geführt hat. Es hat uns sehr leid getan und wir haben das wirklich bedauert. Wir können nie rückgängig machen, was wir getan haben, und in vielen Fällen können wir das bei der Person, der gegenüber wir uns falsch verhalten haben, auch nicht mehr gut machen. Es ist nicht nur irreparabel, sondern auch nicht ungeschehen zu machen.

Es gibt Gelegenheiten, in denen wir wissen, dass wir etwas tun könnten – und auch fühlen, dass wir etwas tun sollten. Aber aus irgendwelchen Gründen tun wir es nicht. Auch das kann ein Grund für bitteres Bedauern sein. Wir hätten helfen können, aber wir taten es nicht. Unterlassung genauso wie schlechte Taten sollen eingestanden werden. Dann beinhaltet Eingeständnis im weitesten Sinne auch Verantwortung. Wir sind verantwortlich für unsere Taten und Unterlassungen, ob sie nun heilsam oder unheilsam waren, gut oder schlecht. Wir sind die Erben unserer eigenen Taten, wie der Buddha sagt.

In den Versen des Eingeständnisses bekennen wir unsere Untaten den „Beschützern", den Buddhas gegenüber. Wenn wir wirklich das Gefühl haben, dass ein Buddha oder Bodhisattva gegenwärtig ist, wenn wir diese Verse sprechen, dann wird das Eingeständnis in dieser Haltung wirksam und hinreichend sein. Allerdings haben die meisten Menschen keinen besonders lebendigen Sinn dafür, dass die Buddhas tatsächlich anwesend sind. Daher ist es für die meisten von uns erforderlich, anderen Menschen gegenüber einzugestehen, gegenüber spirituellen Freunden, denen wir trauen, die wir respektieren und die vielleicht etwas weiter spirituell entwickelt sind als wir. Auch wenn wir in den Schreinraum gehen und uns sozusagen an den Buddha wenden, wird es, selbst wenn wir das recht ernsthaft tun, wahrscheinlich kein wirklich ausreichend konkretes und lebendiges Erlebnis sein, das uns anspornt unser Verhalten zu verändern. Es ist schon allein sehr unwahrscheinlich, dass der Buddha uns irgendetwas auf die Art und Weise erwidern wird, wie unsere spirituelle Freunde das tun würden.

„Die Hände in Verehrung gehoben
Und voller Furcht vor dem Leiden
Stehe ich vor ihnen.
Ehrfürchtig verneige ich mich wieder und wieder."

Manche Menschen empfinden den Satz „voller Furcht vor dem Leiden" als sehr unangenehm. Sie fühlen sich vielleicht erinnert an Predigten über das Höllenfeuer, die uns Angst vor Gott einflößen sollen. Allerdings sind es nicht die Buddhas, die uns Leiden zufügen, sondern unsere eigenen tadelnswerten Taten führen durch das Karmagesetz dazu. Karma funktioniert zwangsläufig. Es gibt dabei keine Absicht zu verurteilen, zu vergelten oder zu bestrafen. Die Haltung der Buddhas uns gegenüber wird immer eine von *Mettā* und Mitgefühl sein. Sie mögen einiges von dem, was wir getan haben, nicht gutheißen, aber sie sind unerschütterlich in ihrem Mitgefühl. Daher gibt es keinen Grund, ihnen mit irgendeiner Form von Furcht oder Besorgnis zu begegnen. Trotzdem kann auch ein Buddha Sie nicht vor den Folgen Ihrer Taten bewahren. Gemäß der buddhistischen Sicht des Universums ist Karma eine simple Tatsache des Lebens. Genauso wie in der Physik Aktion und Reaktion gleich groß und entgegengesetzt sind, werden schlechte Taten entsprechend dem Karmagesetz dem Täter Leiden verursachen. Davor sollten Sie sich wirklich fürchten, wenn Sie schlechte Taten begangen haben, denn Sie werden leiden. Indem Sie den Vers rezitieren, drohen Sie sich nicht selbst mit Leiden oder versuchen nicht sich zu tyrannisieren und zu Dingen zu treiben, die Sie nicht tun wollen. Sie erinnern sich einfach nur auf eine sehr bodenständige Weise daran, dass unethisches Verhalten unangenehme Folgen hat.[18] Menschen, die gegen diese Erinnerung rebellieren, möchten sich

---

18 Für eine ausführlichere Behandlung des Karma, einschließlich, was Karma nicht ist, siehe Sangharakshita, Mensch? Gott? Buddha?, do evolution (1. Mai 1998)

vielleicht nicht eingestehen, dass sie schlechte Taten begangen haben, oder möchten nicht daran denken, dass sie leiden werden. In Wirklichkeit sind sie voller Furcht vor dem Leiden, aber sie würden es bevorzugen nicht anzuerkennen, dass es eine Folge dessen ist, was sie selbst getan haben. Manchmal haben Menschen zu mir gesagt, dass sie keine Angst vor dem Leiden haben. Wenn dem wirklich so ist, kann das nur daran liegen, dass es ihnen an Vorstellungsvermögen mangelt.

Mögen die Führer dies wohlwollend annehmen,
Mit allen Fehlern, ganz wie es ist.
Was nicht gut ist, ihr Beschützer,
Werde ich nicht wieder tun.

Der Bedeutungsunterschied zwischen der Übersetzung von Mrs. Bennett und der von Matics besteht darin, was die Führer anzunehmen gebeten werden – meine Schuld und mein Vergehen (Matics) oder das Eingeständnis selbst (Bennett). Mrs. Bennett scheint den buddhistischen Geist hier besser wiederzugeben: Es ist das Eingeständnis, dass Sie die Buddhas bitten anzunehmen. Wenn Ihr Eingeständnis wirkungsvoll ist, sollte es einen klaren Schritt vorwärts beinhalten. Sie haben Dinge in sich gefunden, die Sie überwinden müssen. Wenn Sie sagen: „Was nicht gut ist, werde ich nicht wieder tun", ist es, als ob Sie Ihre unheilsamen Taten überwunden haben. Sie sind frei von ihnen. Sobald Sie erkannt haben, dass etwas schlecht ist, sobald Sie es eingestanden haben und die Mitglieder der spirituellen Gemeinschaft das Eingeständnis angenommen und Ihnen vielleicht Ratschläge gegeben haben, und sobald Sie sich wirklich entschieden haben, das Unheilsame nicht wieder zu tun, dann sollten Sie es hinter sich lassen in dem Sinne, dass Sie es einfach vergessen. Als Ergebnis werden Sie eine Freiheit und Leichtigkeit empfinden, die ganz natürlich in das Lob des Guten übergeht, das den nächsten Abschnitt der Puja bildet. Es ist viel einfacher, das Gute anderer zu loben, wenn Sie auch Ihre eigene Güte loben können. Es gibt hier also einen natürlichen Übergang von der letzten Zeile des Eingeständnisses von Fehlern zum Lob des Guten.

10. Lob des Guten

Ich preise voller Freude
Das Gute, das alle Wesen vollbracht haben,
Wodurch sie Ruhe im Ende des Leidens finden.
Mögen doch die Bedrückten glücklich sein.

Ich preise die Befreiung der Wesen
Aus dem leidvollen Rad der Geburten.
Ich preise die Natur des Bodhisattva
Und des Buddha.
Sie sind Beschützer.

Ich preise die Aufnahme des Erleuchtungsstrebens
Und die Lehre –
Sie sind Meere des Glückes für alle
Und der Hort des Wohls aller Wesen.
(Bennett)

Ich preise in Jubel das Gute und das Einstellen und die Zerstörung des Leidens,
das alle Wesen tun. Mögen jene, die leiden, Freude erlangen! Ich preise die
Befreiung aller verkörperten Wesen vom leidvollen Rad der Wiedergeburt. Ich
preise die Bodhisattvanatur und die Buddhanatur all derer, die Erlösung erlangt
haben. Ich preise die Ozeane der Entschlossenheit, die Überbringer des Glücks
an alle Wesen, die Fahrzeuge des Vorteils für alle Wesen und jene die lehren.
(Matics)

Die beiden Übersetzungen klingen recht unterschiedlich, vor allem die des dritten Verses. Sanskrit ist eine schwierige Sprache mit komplexer Grammatik. Sätze können auf verschiedene Weisen zusammengestellt und übersetzt werden, insbesondere in Sanskrit-Gedichten. Mrs. Bennetts Version erscheint klarer und direkter, aber wahrscheinlich sind beide richtig.

Während des *puṇyānumodanā*, dem Lob des Guten oder der Tugend, wie der Begriff auch übersetzt werden kann, erinnern wir uns des Edlen im Leben anderer. Wir denken an die Buddhas und Bodhisattvas und die großen spirituellen Lehrer wie Milarepa, Hui Neng und Hakuin. Wir denken an angesehene Helfer der Menschheit sowie an ganz gewöhnliche Leute, von denen wir persönlich wissen, dass sie edel, großzügig und freundlich gehandelt haben. Das Beispiel all dieser Menschen erfüllt uns mit Begeisterung und Inspiration. Sie sind Menschen genau wie wir, und wenn wir über sie nachdenken, werden wir ermutigt daran zu glauben, dass wir genauso ehrenwert und großmütig werden können, wie sie sich gezeigt haben. Wir fühlen uns glücklich aufgrund ihrer Errungenschaften und ziehen Kraft aus der Erinnerung an sie.

Das Lob des Guten zu üben ist ein Gegenmittel für unheilvolle Geisteszustände wie Eifersucht, Neid, Stolz und Egoismus. Es ist Teil der Definition einer hilfreichen Handlung, mit der kein Interesse an persönlicher Anerkennung verbunden ist. Sie freuen sich an guten Taten, erfreuen sich aber ebenso an den guten Taten anderer Menschen, als wären es Ihre eigenen. Sie fühlen sich nicht weniger wert, weil ein Anderer gute Eigenschaften zeigt, oder stellen sich vor, dass diese Person jetzt auf Sie herabschauen könnte. Diese Art der Überempfindlichkeit oder Selbstbezogenheit ist leider recht verbreitet und hält Menschen davon ab, das Gute in anderen wertzuschätzen. Wir sollten Tugenden also eher auf eine weniger personenbezogene Weise hervorheben, so wie wir uns freuen, wenn die Sonne scheint. Wir sind ja auch nicht eifersüchtig, dass die Sonne Licht erstrahlen lässt, während wir das nicht tun. Wir freuen uns einfach am Sonnenschein, der die Welt heller und besser macht.

Im Kontext der Siebenfältigen Puja repräsentiert Lob des Guten das Gegenteil von Eingeständnis von Fehlern. Wenn Sie sich von Fehlern befreit haben, fühlen Sie sich glücklich und erfreut. Und wenn Sie selbst glücklich und voll Freude sind, können Sie auch über andere glücklich und erfreut sein.

Dies ist eine wichtige psychologische Tatsache: Man kann sich nicht über andere freuen, wenn man sich nicht zuerst über sich selbst freuen kann. Lob des Guten braucht eine Basis von *mettā* für sich selbst und man kann nicht wirklich *mettā* für andere empfinden, wenn man nicht *mettā* für sich selbst empfindet. Unsere Gefühle für uns selbst und unsere Gefühle für andere sind sehr eng miteinander verknüpft. Es fällt beispielsweise auf, dass Menschen, die Schuldgefühle empfinden, weil sie mit ihrer spirituellen Praxis nicht in Kontakt sind, es schwierig finden wertzuschätzen, was andere tun. Manchmal nehmen sie sogar eine missgünstige oder überkritische Haltung gegenüber den Bemühungen anderer ein und finden es sehr schwer, sich für ihre Verdienste zu freuen. Sieht man dagegen jemanden, der sich ehrlich, freiwillig und regelmäßig an den Verdiensten anderer erfreut, kann man sicher sein, dass diese Person sehr in Frieden mit sich ist.

Man kann natürlich seine Pflicht tun und dennoch keinerlei Freude dabei empfinden. In diesem Fall kann es sein, dass man zwar das Richtige tut, aber nur in einem äußerlichen Sinn, ohne die entsprechende geistige oder emotionale Haltung. Das kann aber zu noch mehr innerer Ablehnung führen, weil man denkt: „Jetzt bin ich also gut, aber ich sehe gar keine Ergebnisse. Ich *fühle* mich noch nicht einmal gut." Manchmal kann aber eine bloße Handlung, wenn sie bewusst und achtsam ausgeführt wird, dabei helfen, die entsprechende geistige und emotionale Haltung zu entwickeln. Vielleicht ist so ein Aspekt disziplinierter Herangehensweise für die meisten Menschen sogar notwendig. Wir können nicht immer hilfreiche Geisteszustände haben, bevor wir hilfreich handeln. Manchmal sind unsere ungeschickten Geisteszustände so kraftvoll, dass wir einfach geschickt handeln und so allmählich unseren Geisteszustand wieder in Übereinstimmung mit unseren Taten bringen müssen.

Dies ist ein Aspekt von Ritual und Übung ethischer Vorsätze, dass beide uns erst durch ihre Ausübung in die Lage versetzen werden, die ihnen angemessenen Geisteszustände zu entwickeln. Man muss aber, wenn man diese Herangehensweise wählt, wissen, was man tut und warum man es tut. Ansonsten kann man die Verbindung zu seinem Handeln und Fühlen verlieren. Jemand, der auf natürliche Weise mit seinen Gefühlen verbunden ist, kann so recht sicher üben, aber eine Person, die den Wunsch hat, „gut zu sein", ohne ihre wahren Gefühle dabei zu spüren, sollte diese Herangehensweise nur mit sehr großer Vorsicht wählen.

Obwohl wir sehr vorsichtig sein müssen, unseren Gefühlen zuwider zu handeln, ist es dennoch nicht scheinheilig, dies zu tun, wie manche meinen. Wenn Sie das Gefühl haben, jemanden umbringen zu wollen, es aber nicht tun, heißt das nicht, dass Sie scheinheilig sind. Sie wären nur dann scheinheilig, wenn Sie auf die Frage nach Ihren Gefühlen für diese Person antworten würden: „Oh, den hab ich ganz gern." Scheinheiligkeit ist der bewusste und absichtliche und eigennützig motivierte Versuch, den Anschein zu erwecken, dass Ihr Geisteszustand in Wirklichkeit ein anderer ist.

Innerhalb der spirituellen Gemeinschaft sollte man in der Lage sein, alle unheilsamen Gedanken und Gefühle einzugestehen. Auch in der Übung der *mettā bhāvanā* ist es für die Entwicklung liebender Güte sehr wichtig, im Kontakt mit seinen wahren Gefühlen zu bleiben, statt Gefühle von *mettā* vorzugeben, um gewünschte Gefühle vorzutäuschen. Selbst wenn die Gefühle grob und negativ sind, können Sie daran arbeiten, solange Sie sie bewusst erleben können, so dass die Gefühle nach und nach verfeinert und positiver werden können. Aber wenn Sie von vornherein keinen Kontakt zu Ihren Gefühlen haben, können Sie nichts tun.

Die gesellschaftlichen Faktoren, die dazu führen, dass die Gefühle der Menschen unterdrückt werden, sind sehr komplex. Aber was auch immer die Ursachen sind: Wenn dies passiert, sind Menschen nicht mehr in der Lage, sich an den guten Taten anderer zu erfreuen. Offensichtlich ist das etwas sehr tief Gehendes. Ohne sehr ausgeprägte positive Emotionen gibt es keine weit reichende individuelle Entwicklung. Und emotionale Positivität hat zwei Aspekte: glücklich über sich selbst und glücklich über andere zu sein, oder in anderen Worten, sich an ihren Verdiensten zu erfreuen.

Ich preise voller Freude
Das Gute, das alle Menschen vollbracht haben,
Wodurch sie Ruhe im Ende des Leidens finden.
Mögen doch die Bedrückten glücklich sein.

Ich preise die Befreiung der Wesen
Aus dem leidvollen Rad der Geburten.

Wir freuen uns an den Verdiensten all derer, die Erleuchtung erlangt haben. Auch wenn dies ein Mahāyānatext ist, drücken diese Zeilen sehr deutlich den Standpunkt des „Lehr-Praktizierenden" des Hīnayāna aus, (im Gegensatz zu dem „Glaubens-Praktizierenden"), bis wir anlangen bei:

Ich preise die Natur des Bodhisattva
Und des Buddha.
Sie sind Beschützer.

Wir freuen uns an ihrem Wesen. Es ist, als ob wir sagten: „Ganz abgesehen von ihren Funktionen – mich zu lehren, mir zu helfen und mich zu leiten – erfreue ich mich an ihnen als erleuchtete Wesen." Das ist an sich schon ein Grund zur Freude und ohne jegliches Eigeninteresse. Es ist wie im Abschnitt der Verehrung, nur auf eine höhere Ebene gebracht, weil wir jetzt tiefer verstehen.

Ich preise die Aufnahme des Erleuchtungsstrebens
Und die Lehre –
Sie sind Meere des Glückes für alle
Und der Hort des Wohls aller Wesen.

Man erfreut sich am Streben nach Erleuchtung, wo immer es sich zeigt, ob in anderen oder in einem selbst. Das *Bodhicitta* und der Dharma sind grenzenlos erscheinende „Ozeane" – lyrisch gesprochen, wenn nicht gar wortwörtlich. Diese Zeilen vermitteln die Haltung der Freude an allem Guten in Vergangenheit, Gegenwart und Zukunft: Freude an den guten Taten der Menschen, ihrer heilsamen Handlungen, ihrer Beachtung der Vorsätze, ihrer Zufluchtnahme und ihrer Übung der *pāramitās*, ebenso wie Freude am transzendenten Wesen der Buddhas und Bodhisattvas und dem Streben nach Erleuchtung.

Wer diese Haltung der Freude einnimmt, ist in einem sehr positiven geistigen und emotionalen Zustand. Ihre Freude an den guten Taten anderer kann als Genuss an der Widerspiegelung der Buddhanatur in anderen betrachtet werden. Wenn man sich am Buddha erfreut, dann kann man gar nicht anders, als sich an den verdienstvollen Taten selbst unerleuchteter Wesen zu erfreuen, denn sie stellen eine, wenn auch vage und entfernte, Widerspiegelung oder Vorwegnahme der Erleuchtung selbst dar. Wenn man als Buddhist andererseits keine Freude über den offensichtlichen Fortschritt anderer auf dem spirituellen Weg ausdrückt, ist das eine Form von Unehrlichkeit, denn man schweigt zu etwas, von dem man im Herzen weiß, dass es der Anerkennung wert ist. Das ist eine Art passiver Lüge.

Wir sollten uns nicht nur der Verdienste von Individuen erfreuen, sondern über die der gesamten spirituellen Gemeinschaft. Wir sind uns nicht immer im Klaren darüber, wie unsicher die ganze Struktur der spirituellen Gemeinschaft in unserer Welt ist. Im Grunde genommen ist Gesellschaft an sich eine recht instabile Sache. Der Gesellschaft hinzugefügt ist dann noch eine Struktur von Zivilisation und Kultur, die noch unsicherer ist. Und das überlagert dann noch die spirituelle Gemeinschaft, die noch instabiler ist. Es wäre ein leichtes für jemanden mit genügend Macht den gesamten Buddhistischen Orden Triratna mit einem Schlag auszulöschen, wenn er es wollte, zumindest im Land seines Einflusses. In manchen Staaten würde noch nicht einmal jemand bemerken, dass diese wenigen hundert Menschen zusammengetrieben und eliminiert wurden. Es ist nicht sehr schwer, einige hundert Menschen loszuwerden und damit eine spirituelle Gemeinschaft mit einem Streich zu vernichten. Es ist noch nicht einmal schwierig, eine ganze Zivilisation und Kultur auszurotten. Man denke nur an die abgebrannten Bibliotheken, die zerstörten Denkmäler. In Indien kann man die Zerstörung des Buddhismus durch den Islam beobachten. In unserer eigenen Zeit sieht man, was mit der buddhistischen Kultur in Süd-Ost-Asien geschieht, in China und Tibet. Die Zerstörung von Kulturen ist schon schlimm genug, aber in manchen Regionen wie Tibet wurde fast die gesamte spirituelle Gemeinschaft ausgelöscht. Und was davon übrig blieb, wird in den Untergrund getrieben oder hinter die Grenzen verbannt.

Die Ereignisse des zwanzigsten Jahrhunderts haben den politischen Optimismus der meisten denkenden Menschen zerschlagen. Der letzte Weltkrieg und insbesondere die Ausrottung der Juden haben jeden schockiert, der ernsthaft denken konnte, weil sie die Zerbrechlichkeit von Zivilisation und Kultur vor Augen führte. Die Deutschen waren eines der zivilisiertesten und kultiviertesten Völker in Europa. Vielleicht galt das nicht für die Masse, aber sie haben die größten Philosophen und Musiker hervorgebracht sowie viele große Wissenschaftler und Staatsmänner. Über Jahrhunderte haben sie Bedeutendes zur westlichen Kultur beigetragen und dennoch hat nahezu die gesamte deutsche Bevölkerung offensichtlich über den Mord, wie man es nennen muss, von wahrscheinlich sechs Millionen Juden hinweggesehen. Was für eine ernüchternde Erinnerung an die Barbarei, die unter Zivilisation und Kultur verborgen liegt. Und das könnte in anderen Ländern auch geschehen. Wir mögen gerne denken, dass es in unserem guten alten Großbritannien nie passieren könnte - aber vielleicht unter gewissen Umständen schon. Diese Einsicht hat die Vorstellung zerstört, dass Dinge beständig verändert und verbessert werden könnten, quasi durch einen Akt des Parlaments. Wir können nicht länger daran glauben - wenn wir es jemals taten -, dass wir nur die gesellschaftlichen Institutionen verändern müssen, um einen Himmel auf Erden zu schaffen.

Wenn man eine langzeitliche Perspektive einnimmt, wirkt diese Einsicht weniger verblüffend: Zivilisation, wie wir sie kennen, ist erst zehn- oder zwölftausend Jahre alt und die großen Religionen hatten erst zwei- oder zweieinhalbtausend Jahre lang Einfluss auf uns, wenn wir überhaupt davon ausgehen, dass sie alle zunächst positiv angelegt waren. Aber die Menschheit gibt es seit ungefähr 350.000 Jahren in der Form des *homo sapiens*. Es gibt sie sogar zwei Millionen Jahre, wenn wir zurückgehen bis zum *homo erectus* und *homo habilis*. Die Menschheit war während dieser Zeit nicht gänzlich unzivilisiert, denn sie hat Stammesorganisationen erfunden, die einen gewissen Grad an Kultur darstellten. Aber wir können noch weiter zurück schauen zu unseren vormenschlichen Vorfahren, die vor mehr als vier Millionen Jahren existierten. Viele Wissenschaftler glauben, dass wir von Fleisch fressenden Affen abstammen (der kleineren Version des *australopithecus*). Wir sollten also nicht allzu selbstzufrieden sein. Wir sollten nicht annehmen, dass die Aufwärtsbewegung eine leichte Aufgabe sei. Zivilisation kann zusammenbrechen und zerfallen. Die buddhistische Sicht ist, dass Zivilisationen und Kulturen durch Kreisläufe gehen. Wir klettern hoch zu höherer Zivilisation und dann sinken wir hinunter in die Barbarei und dieser Kreislauf wiederholt sich. Fortschritt geht nicht zwangsläufig immer weiter vorwärts. Es gibt nur einen Kontext, einen individuellen, in dem Fortschritt gesichert ist, und das ist der transzendente Teil des Spiralpfades ab Stromeintritt. Alle weltlichen Dinge sind von zyklischer Bewegung geprägt, und auch die Gesellschaft.

Eine erleuchtete Menschheit oder eine erleuchtete Gesellschaft ist daher unmöglich, ein Widerspruch in sich, obwohl erleuchtete Wesen ständig entstehen. Das liegt daran, dass die erforderlichen Faktoren für den Erhalt der Menschheit im gewöhnlichen Sinne das Gegenteil dessen darstellen, was für Erleuchtung notwendig ist. Wenn man irgendwie in der Lage wäre, die Gesellschaft so zu organisieren, dass sie für eine spirituelle Entwicklung geeignet wäre, würde dann überhaupt jemand, um ein einfaches Beispiel zu nehmen, sich dafür entscheiden, die menschliche Rasse fortzupflanzen? Wenn man das Wachstum der Bevölkerung irgendwie aufhalten könnte und nur die existierenden Individuen motivieren könnte, bis sie allmählich alle erleuchtet sind – man müsste dazu auch für sie einrichten können, dass sie alle sehr lange lebten, dann würden wir endlich eine erleuchtete Gesellschaft haben. Aber es werden ständig neue Wesen geboren. Im karmischen Sinne wissen wir noch nicht einmal, wo sie herkommen. Sie könnten geradewegs aus einem Höllenreich gekommen sein und es ist unwahrscheinlich, dass sie von dort in sehr positiven Geisteszuständen kommen.

Es werden immer kleine „Teufel" in unsere Welt hinein geboren, genauso wie kleine „Engel", und selbst ein kleiner Teufel kann es allen Engeln verderben, nur indem er ein Quälgeist ist. Wenn einer während einer Meditation laut schreit, verdirbt er sie für alle. Ein Land, das kämpfen will, kann den Frieden der ganzen Welt zerstören. Wenn Sie möchten, können Sie daran arbeiten, Dinge zu verbessern, aber die Gefahr, Ihre ganze Energie in die Verbesserung der äußeren Welt zu stecken, anstatt diese dadurch auszubalancieren, dass Sie an sich selbst arbeiten und dadurch einen höheren Grad an Achtsamkeit erlangen, liegt darin, dass Sie durch die Negativität und das zerstörerische Verhalten der anderen Menschen hinuntergezogen werden.

Wir müssen ganz realistisch sein. Eine positive Gesellschaft aufrechtzuerhalten, in der sich die spirituelle Gemeinschaft entwickeln kann, ist nicht einfach. Gleichzeitig sollten wir nicht mutlos sein oder so empfinden, als lebten wir in einem dunklen Zeitalter. Wenn wir in der Geschichte zurückschauen, ist es schwierig, einen Zeitraum zu finden, in dem es besser aussah als in allen anderen. In gewisser Weise ist unser Zeitalter ein sehr gutes. Seit dem zweiten Weltkrieg gab es nirgendwo auf der Welt einen wirklich großen Krieg, nicht der Größe des ersten und zweiten Weltkriegs entsprechend. Wir sind im Vergleich zu anderen Zeitaltern über die letzten 45 Jahre hinweg sehr friedlich geblieben. Es gibt die verheerende Möglichkeit eines nuklearen Kriegs, aber abgesehen davon hat die menschliche Rasse, materiell gesehen, nie so komfortabel und glücklich gelebt wie derzeit, zumindest in der westlichen Welt. Der Lebensstandard war noch nie so hoch für so viele Menschen. Die Dinge, die wir heute genießen, wurden in der Vergangenheit nur von Mitgliedern des Adels genossen und oftmals noch nicht einmal von ihnen. Viele Krankheiten wurden mehr oder weniger unter Kontrolle gebracht. Dennoch kann es das Ende des Leidens für die Menschheit oder tatsächlich für alle Wesen generell nicht geben. Es mag ein Ende des Leidens für bestimmte Individuen geben, aber so lange *Saṁsāra*[19] existiert – und soweit wir wissen, hat *Saṁsāra* immer existiert und wird immer existieren –, bleibt das Leiden darin inbegriffen. Wie groß auch immer die Anzahl der Wesen, die Erleuchtung erlangt haben, sein mag, *Saṁsāra* ist endlos und wird immer, wie zuvor, unerleuchtete Wesen produzieren. Die Arbeit der Bodhisattvas wird nie getan sein.

Die spirituelle Gemeinschaft wird immer in einer umfassenderen Gemeinschaft existieren, die beide, positive und negative Elemente, enthält. Daher ist es wichtig für die, die ein spirituelles Leben führen, nicht den Kontakt mit der weiteren Gemeinschaft zu verlieren, denn daher kommen unsere Energien. Wir müssen mit der Gesellschaft in Kontakt bleiben, aber wir dürfen diesen Energien nicht erlauben, außer Kontrolle zu geraten, und das ist ein schwieriger Balanceakt. Die positivste Gemeinschaft im weitesten Sinne wäre eine, die den gröberen Energien und Kräften Grenzen setzte, die

---

19 *Saṁsāra*: Der endlose Kreis um Geburt, Tod und Wiedergeburt.

aber gleichzeitig grenzenlos wäre hinsichtlich der Möglichkeit höherer Entwicklung. Wir brauchen eine spirituelle Gemeinschaft, die in Bezug auf die höchsten Ideale kompromisslos ist, aber die in Kontakt bleibt mit einer weiteren positiven Gruppe. Wenn die spirituelle Gemeinschaft ohne Kontakt zu allen anderen wäre, wo sollten dann neue Mitglieder herkommen? Es gibt eine Art von Hierarchie oder Abstufung von spiritueller Entwicklung und Zufluchtnahme mit vielen unterschiedlichen Ebenen.

In der Praxis erlebt ein Buddhist das Leben in einer Art von Dualismus zwischen heilsamen und unheilsamen Aktivitäten, obwohl der Buddhismus lehrt, dass letztendlich dieser Dualismus verwandelt werden kann. Im praktischen Sinne ist das Leben ein ständiger Kampf. Und selbst wenn der Kampf für uns individuell beendet ist, dann stellen wir fest, wenn wir uns die Gesellschaft ansehen, dass noch viel zu tun ist. Selbst wenn Ihr eigenes Ringen beendet ist, wenn Sie Erleuchtung erlangt haben, gibt es noch eine unendliche Zahl an Aufgaben für die Anderen um Sie herum, die angegangen werden wollen. Sie werden niemals in der Lage sein, sich niederzulassen und sich auszuruhen – und Sie würden das auch nicht tun wollen. Wenn Sie ein Bodhisattva wären, wäre es Ihre Natur, Ihr Wesen, zu helfen. Sie sind von Natur aus mitfühlend. Licht kann nicht anders als hell sein, so wie Dunkelheit nicht anders sein kann als dunkel. Wenn wir das Gute loben, dann loben wir dieses Licht, dieses Prinzip der Bodhisattvaschaft, wie es in dieser Welt wirkt. Wir erinnern uns daran, wie überaus kostbar dies ist, besonders wenn wir darüber nachdenken, wie das Leben ohne es wäre.

11. Bitte um Belehrung und Verweilen

Mit gefalteten Händen (grüßend)
Bitte ich die Buddhas in allen Weltgegenden:
Mögen sie das Licht des Dharma hell entzünden.
Für alle, die aus Verblendung ins Leiden geirrt sind!

Mit gefalteten Händen (verehrend)
Flehe ich die Sieger an, die ins Nirvāṇa übergehen wollen:
Mögen sie hier für endlose Zeiten verweilen,
Damit das Leben in dieser Welt nicht düster werde!
(Bennett)

Mit gefalteten Händen flehe ich die perfekten Buddhas in allen Gegenden an, mögen sie das Licht des Dharma für jene scheinen lassen, die aus Verwirrung ins Leiden geirrt sind. Mit gefalteten Händen flehe ich die Eroberer an, die das Ende zu erfahren begehren: Mögen sie für endlose Zeiten verweilen, damit diese Welt nicht düster werde. (Matics)

Es gibt keinen bedeutenden Unterschied zwischen diesen beiden Übersetzungen. Was im Wesentlichen in diesem sechsten Teil passiert, *adhyeṣaṇa* und *yācanā*, Bitte um Belehrung und Verweilen, ist unsere Entwicklung von Aufnahmebereitschaft und Empfänglichkeit, indem wir unsere Bereitschaft ausdrücken, uns belehren zu lassen. Sehr oft sind sogar religiös geprägte Menschen nicht wirklich bereit, sich belehren zu lassen. Wir müssen uns also bereitmachen. Wir haben uns bereits an den Qualitäten der Buddhas und Bodhisattvas erfreut wie auch an dem aufsteigenden Streben nach Erleuchtung und der Lehre. Nun machen wir uns für all diese Dinge aufnahmebereit und natürlich speziell für den Buddha und den Dharma. Aber bevor wir tiefer auf das Thema der Empfänglichkeit eingehen, schauen wir auf die Bestandteile dieses Abschnitts der Siebenfältigen Puja.

Der erste Vers erinnert uns an eine bestimmte Episode aus den Schriften, an die berühmte Anfrage des Brahmā Sahampati, des „Herrn der Tausend Welten." Kurz nach seiner Erleuchtung erschien Brahmā Sahampati vor dem Buddha und bat ihn inständig, anderen Wesen den Weg zur Erleuchtung zu zeigen. Sein Flehen überwand die ursprüngliche Neigung des Buddhas zu denken, dass der Dharma zu schwierig und subtil sei, um verständlich gemacht zu werden. Wir nehmen hier also die Haltung respektvoller Anrufung des Brahmā Sahampati ein. Wir bitten den Buddha zu lehren. Das heißt nicht, dass die Buddhas nur lehren, wenn sie darum gebeten werden: Sie sind immer dazu bereit. Aber sie können uns nicht belehren, wenn wir nicht offen für die Lehre sind. In diesem Teil drücken wir also unsere Bereitschaft aus. Das Ausdruckverleihen stellt gewissermaßen die Bereitschaft dar. Wenn wir wirklich etwas möchten, dann bitten wir darum. Bitten ist ein natürlicher Ausdruck des Wünschens.

Stellen Sie sich vor, Sie möchten etwas von jemandem haben, aber Sie sträuben sich, den Wunsch auszudrücken. Vielleicht möchten Sie von einem Freund etwas Geld leihen; Sie brauchen nur schnell ein paar Euro. Sie wissen, dass der Freund Geld hat und es Ihnen gerne leihen würde, aber irgendwie zögern Sie zu fragen und Ihren Wunsch mitzuteilen. Diese Situation lässt auf Reserviertheit, Zurückhaltung, fehlendes Vertrauen schließen. Dies mag von Schuldgefühlen herrühren oder es kann sein, dass Sie es vermeiden, sich in eine Position zu begeben, in der Sie möglicherweise abgelehnt werden. Dies ist so ähnlich wie die mögliche Zurückhaltung, um spirituelle Belehrung zu bitten. Vielleicht haben Sie das Gefühl, es nicht zu verdienen, oder vielleicht fürchten Sie, mehr zu bekommen, als Sie erbeten haben. Sie könnten tatsächlich einige spirituelle Belehrungen *bekommen*, nicht nur einen Klaps auf den Hinterkopf. Das kann tatsächlich passieren, wenn Sie sich Zenmeistern nähern. Fragen Sie sie nach Belehrung, nehmen Sie wirklich Ihr Leben in die Hand. Menschen sagen zwar, dass sie unterwiesen werden möchten, aber es ist gar nicht so einfach, diejenigen zu finden, die in einem wahrhaft spirituellen Sinne wirklich lernen wollen. Deshalb ist es gut, Ihren Willen und Ihre Bereitschaft auszudrücken, um es ganz klar zu machen, dass Sie offen und empfänglich sein möchten. Übrigens gilt dasselbe Prinzip bei der Bitte um Ordination. Manchmal nehmen Menschen die Haltung ein: „Ich werde nicht fragen, denn wenn ich soweit bin, werden sie es schon merken und es mir sagen." Dies weist auf einen bestimmten Mangel an Offenheit hin, den es zu überwinden gilt.

Im ersten Vers flehen wir die „Buddhas in allen Gegenden" an – nicht nur die Buddhas in unserer unmittelbaren Umgebung. Sie denken an andere genauso, wie an sich selbst. Sie bitten nicht nur darum, dass Sie selbst belehrt werden mögen, sondern ebenso darum, dass das „Licht des Dharma" für alle Lebewesen scheinen soll. Sie möchten die Kommunikationskanäle zwischen dem Weltlichen und dem Transzendenten für alle Lebewesen öffnen, für die ganze Welt.

Ich erinnere mich an einen Freund, der einmal stark gegen die Zeile Einwand erhob: „Für die, die aus Verblendung ins Leiden geirrt sind." Er sagte, dass er nicht das Gefühl hätte, an Verblendung zu leiden. Aber natürlich mögen sich diejenigen, die verblendet sind, nicht darüber bewusst sein, dass sie verblendet sind. Und während Sie vielleicht im Moment nicht leiden mögen, wenn Sie verblendet sind, wird das Leiden früher oder später eintreten.

Im zweiten Vers flehen wir:

...die Sieger an, die ins Nirvāṇa übergehen wollen:
Mögen sie hier für endlose Zeiten verweilen,
Damit das Leben in dieser Welt nicht düster werde.

Auch dies basiert auf einer Episode in den Schriften über das Leben des Buddhas. Wie authentisch sie ist, wissen wir nicht, aber im *Mahāparinibbāna-Sutta*[20] gibt der Buddha Ānanda einen Wink, dass er bis zum Ende des Kalpa in der Welt bleiben würde, wenn er darum gebeten werden würde. Kommentatoren unterscheiden sich in der Interpretation dieser Antwort. Einige

---

20 Das *Mahāparinibbāna-Sutta* ist enthalten im Dīgha-Nikāya, siehe auch www.palikanon.de/digha/d16_1.html

sagen, dass „Kalpa" hier die volle Lebensdauer von ca. 100 Jahren meint. Andere meinen: bis ans Ende des Weltzeitalters. Jedenfalls verpasste Ānanda diesen Hinweis unter Māras Einwirkung und so verschied der Buddha. Es ist eine ziemlich seltsame Begebenheit und es gibt keine allgemeine Übereinstimmung über ihre Bedeutung, vorausgesetzt, dass sie überhaupt stattgefunden hat. Hätte der Buddha um das Bleiben für den verbleibenden Rest seiner hundert Jahre gebeten werden müssen oder bis ans Ende des Weltzeitalters? Ist es eine Warnung davor, nicht mehr aufnahmefähig zu sein wie in diesem Fall Ānanda? Ich glaube, wir könnten es so verstehen, dass es kein Ende der Notwendigkeit des Bittens gibt. Sie müssen nicht glauben, dass es damit gut sei, sobald Sie einen Bodhisattva einmal um Bleiben und Belehrung gebeten haben. Sie müssen weiter fortfahren zu bitten, zu wollen und empfänglich zu sein. Mit anderen Worten: Nehmen Sie einen Buddha oder Bodhisattva nicht für selbstverständlich, auch wenn er bereits seit fünfundvierzig Jahren gelehrt hat. Seien Sie sich darüber im Klaren, dass er jede Minute verschwinden kann, weil Saṁsāra so schmerzhaft und die Sogwirkung von Nirvāṇa, das in seiner Reichweite liegt, so stark ist. Sobald Sie nicht immer wieder Ihr Verlangen vor ihm aufrechterhalten und wirklich offen bleiben, könnte er ins Nirvāṇa verschwinden. Also lassen Sie in Ihrer Aufmerksamkeit nicht einen Moment nach.

Doch gibt es noch einen anderen Blickwinkel auf diese Begebenheit. Sie zeigt, dass spirituelle Belehrung von Ihnen abhängt. Wenn Sie den Buddhas und Bodhisattvas nicht zuhören, wie können sie dann lehren? Und wenn es nichts zu lehren gibt, könnten sie genauso gut im Nirvāṇa sein. Wenn Sie sie also ins Nirvāṇa gehen lassen, machen Sie sie unwirksam. Wie könnte es anders sein? In dem Moment, in dem Ihre Aufmerksamkeit nachlässt oder Sie sich abwenden, sind die Buddhas und Bodhisattvas nicht mehr in der Lage zu unterrichten, weil da niemand mehr zu unterrichten ist und es keine Resonanz gibt. Lehren bedeutet nicht, Worte zu verströmen. Lehren meint Austausch mit Lebewesen, die zuhören. Die Lehrer können Ihre Unaufmerksamkeit durchbrechen, aber wenn Sie gar nicht empfänglich sein möchten, können sie nichts tun. Wenn Sie möchten, können Sie alle Buddhas und Bodhisattvas zum Schweigen bringen. Es ist ein schrecklicher Gedanke. Sie können das Licht löschen, sicherlich für sich selbst, vielleicht sogar für andere. Um die Metapher zu ändern: Sie schlagen dem Buddha die Tür vor der Nase zu. Was kann er dann tun? Es bliebe ihm nichts anderes übrig als still vor verschlossener Tür zu warten, bis Sie sie wieder öffnen. Sie könnten sogar vergessen, dass es überhaupt eine Tür gibt, und dann könnten Sie niemandem von einer erzählen, der vielleicht nach einer suchte, bis schließlich niemand mehr von einer zu öffnenden Tür wüsste, so dass sie für eine sehr lange Zeit geschlossen bliebe. Deshalb sollten Sie Ihr Bitten aufrechterhalten, damit die Buddhas mit dem Lehren fortfahren.

Mit anderen Worten: Es gibt keinen wirklichen Unterschied zwischen der Aktivität eines Buddhas, wenn ich es so nennen darf, und der Aufnahmebereitschaft anderer Lebewesen. Beide Aspekte hängen zusammen: Wenn Sie offen sind, wird er aktiv werden. Wenn er aktiv ist, heißt das, dass Sie zumindest angefangen haben, aufnahmebereit zu sein. Man könnte sagen, dass die Erleuchtung des Buddhas als nicht vollkommen anzunehmen wäre, falls andere Wesen ihm nicht erlauben würden zu lehren. Das ist sehr streng ausgedrückt, aber es gibt uns zu denken. Vielleicht gibt es so etwas wie absolute Selbstgenügsamkeit nicht, selbst für einen Buddha nicht. Es ist nicht einfach, die Erfahrungen eines Buddhas mit Begriffen aus der unerleuchteten Erfahrung zu beschreiben. Also nehmen wir eine einfache menschliche Analogie. Stellen Sie sich vor, Sie mögen jemanden auf eine normale, gesunde Art. Wenn diese Person sich dessen bewusst ist und Sie auch mag, gibt dies der Tatsache Ihrer Zuneigung nicht eine zusätzliche Dimension? Oder ist Ihre Zuneigung genau dieselbe, ob diese Person Sie mag oder nicht? Oder nehmen Sie den Fall gewöhnlichen Unterrichts. Ohne den Ansporn durch die Neugier der Studierenden, ihr Interesse, ihre Wachheit und Aufnahmebereitschaft, könnte kein Unterricht stattfinden.

Dieser Gedanke von wechselseitiger Abhängigkeit drückt sich auf andere Weise im Bodhisattva-Ideal aus. In ihm gelobt der Bodhisattva, nicht ins Nirvāṇa überzugehen, bis alle Lebewesen den Ozean des Leidens überquert haben. Solange also Menschen in diesem Ozean des Leidens bleiben wollen, folgt daraus, dass sie das Wirken des Bodhisattva behindern. In gewisser Weise ist seine Erleuchtung solange nicht vollkommen, bis alle Menschen ebenfalls Erleuchtung erlangen. So erscheint es, als ob der Buddha empfindende Lebewesen bittet, sich von ihm belehren zu lassen.

Es ist bezeichnend, dass Belehrung und Verweilen nach Lob des Guten kommt, welches ein sehr heiteres, fast strahlendes Stadium ist, in dem Sie sich sehr intensiv der Verdienste anderer Lebewesen bewusst sind, speziell der Verdienste der Buddhas und Bodhisattvas. Sich dessen bewusst, freuen Sie sich und diese Freude, dieser positive Zustand, macht Sie empfänglich. Sie öffnen sich dem Einfluss der Buddhas und Bodhisattvas, dem Dharma selbst, den es allein, ohne Buddhas und Bodhisattvas, die ihn kommunizieren, nicht gäbe.

Trotzdem sind wir sehr oft nicht positiv genug, in dieser Weise empfänglich zu sein. Wir fürchten uns vielleicht davor, was diese Empfänglichkeit auslöst oder wie wir sie bewältigen. Oder wir denken, wir wüssten das alles schon. Es gibt eine kleine Geschichte über einen Zenmeister, die sich auf diese Haltung bezieht. Dieser Erzählung zufolge besuchte ein Universitätsprofessor einen Zenmeister, um ihn um Unterweisung zu bitten. Der Zenmeister empfing ihn sehr höflich und bot ihm Tee an, wie es der Brauch ist. Dabei stellte der Zenmeister zwei Tassen auf einen niedrigen Tisch und begann, Tee aus einer Kanne in eine der Tassen zu gießen. Er goss ein bis die Tasse voll war und darüber hinaus. Der Professor beobachtete, wie der Tee auf den Untersatz floss, aber der Zenmeister goss einfach weiter. Bald war auch die Untertasse zum Überfließen voll, so strömte der Tee über das Tischtuch und immer noch goss der Zenmeister weiter. Als sich schließlich ein kleines Rinnsal über den Boden erstreckte, konnte sich der Professor nicht länger zurückhalten. Er wusste, dass Zenmeister als ziemlich seltsam galten, aber dies war sicher der exzentrischste, dem er je begegnet war. „Warum gießen Sie immer weiter ein?", fragte er, „die Tasse ist voll." Der Zenmeister schaute nun von seiner Tätigkeit auf. „Warum sind Sie hergekommen?", erwiderte er, „Ihre Tasse ist voll." Und er fuhr fort: „Wenn Sie ihre Tasse nicht leeren, können Sie nichts aufnehmen. Es macht keinen Sinn für mich, eine volle Tasse zu füllen." Wir müssen uns also zuerst leeren, um empfänglich sein zu können – nicht wortwörtlich, denn wir können nicht alles vergessen, was wir wissen, aber wir können es beiseitelegen, damit es uns nicht im Weg steht.

Selbst wenn Sie anfangs für spirituelle Erfahrung aufgeschlossen sind, kann es immer noch schwierig sein, die Konsequenzen dieser Erfahrung zu bewältigen. Wenn Sie „sich öffnen" und spirituelle Belehrung erhalten oder spirituelle Erfahrungen machen, benötigt diese erste Erfahrung einen Prozess der Verarbeitung, wie der Pfad der Verwandlung dem Pfad der Schauung folgt. Aber um die Erfahrung aufzunehmen, Ihr Sein entsprechend dieser Erfahrung zu verwandeln, brauchen Sie Zeit unter angenehmen, schützenden Bedingungen. Andernfalls könnte es Ihnen so ergehen wie der Schlange in der indischen Sage, die versucht, einen Frosch zu verschlingen, der viel zu groß für sie ist. Er ist so groß, dass sie ihn nicht herunterbekommt, aber wegen ihrer gebogenen Fangzähne kann sie ihn auch nicht wieder ausspucken. Durch Ihre aufrichtige Offenheit kann es manchmal passieren, dass Sie durch eine Periode „spiritueller Verdauungsstörung" gehen, in der Sie etwas unausgeglichen sein können. Es gibt Geschichten über Zenmeister – Geschichten über sie, bevor sie Zenmeister wurden –, in denen sie anderen Menschen recht merkwürdig vorkamen.

Es wäre falsch zu sagen, dass Sie zu empfänglich sein könnten, genauso wenig, wie Sie zu viel Gewahrsein oder zu viel Achtsamkeit haben könnten. Dennoch kann es sein, dass Sie manchmal im Moment Ihrer Aufnahmebereitschaft nicht in der Lage sind, mit dieser Erfahrung umzugehen. Sie sind sozusagen mitten zwischen dem Pfad der Schauung und dem Pfad der Verwandlung. Das kann ein recht ungemütlicher Zustand sein. Aus diesem Grunde sollten sich spirituelle Lehrer der Möglichkeit bewusst sein, dass sie Menschen während Retreats und ähnlichen Aktivitäten zu stark und zu weit antreiben könnten, sich zu öffnen – besonders, wenn sie am nächsten Tag zu ihrer alltäglichen Welt zurückkehren, zurück zu ihrer Arbeit und zurück zu ihren Familien. Die Menschen brauchen Zeit für die Fortschritte auf dem Pfad der Verwandlung, entsprechend dem Maß ihrer Erfahrung auf dem Weg der Schauung.

Wenn wir die Siebenfältige Puja feiern, haben wir gewöhnlich unmittelbar nach den Versen der „Bitte um Belehrung und Verweilen" eine Lesung aus den Schriften. Das ist auch angebracht, nachdem wir uns auf die Belehrung vorbereitet haben. Tatsächlich weisen die Verse der Puja auf die Geisteshaltung hin, in der wir die Worte des Buddhas immer hören oder lesen sollten. Direkt nach der Lesung rezitieren wir das *Herz-Sūtra*[21], das die Essenz der Lehre beinhaltet, zumindest aus Sicht des Mahāyāna. Es kann auch an anderen Stellen in der Puja Lesungen geben, je nach Anlass.

Falls Sie gefragt werden, eine Lesung zu geben – und es ist zu hoffen, dass derjenige, der die Puja leitet, Ihnen genug Zeit lässt –, sollten Sie den Text vorher einige Male durchlesen, bis Sie sicher sind, die Struktur der Sätze und ihre Betonung wirklich verstanden zu haben. Lesungen aus den Schriften werden Übersetzungen sein, was oft bedeutet, dass die Struktur der Sätze etwas sperrig und kompliziert ist, womit umzugehen Sie lernen müssten. Es wäre das Beste, die Passagen möglichst vorher laut zu lesen, vorzugsweise jemandem vorzulesen, der zuhört und seine Kommentare und Hinweise anbietet. Viele Menschen können nicht gut lesen, ohne diesen Aufwand zu betreiben. Stimmlage und Ausdrucksweise sind auch sehr wichtig. Eine Lesung sollte nicht in einem schroffen oder unharmonischen Ton gehalten werden. Auf jeden Fall sollte sie klar sein. Mündliche Kommunikation ist ein grundlegend praktisches Element spirituellen Lebens, in Lesungen und in einer Vielzahl anderer Zusammenhänge. Für diejenigen, die nicht sehr erfahren darin sind, lohnt sich der Versuch, an ihrer Sprechweise zu feilen, die Hilfe von Freunden in Anspruch zu nehmen und notfalls sogar ein formales Training aufzunehmen.

Wenn Sie einer Lesung zuhören, ist es ganz offensichtlich wichtig, ganz aufmerksam und empfänglich zu bleiben. Während der Lesung sind Sie weniger aktiv als während der Verse der Puja, da Sie weder rezitieren noch etwas singen. Da mag die Versuchung groß sein, dies als Gelegenheit zu nutzen, die Beine zu strecken und sich geistig aus der Puja zurückzuziehen. Es wäre allerdings sehr schade, kaum dass Sie Ihre Bereitschaft für die Belehrungen des Buddhas erklärt haben, nun zu versäumen diese zu empfangen.

---

21 Einen Kommentar zu diesem kurzen, aber wichtigen Sūtra finden Sie bei Sangharakshita, *Wisdom Beyond Words*, Windhorse, Glasgow, 1993.

12. Abgabe der Verdienste und Selbsthingabe

Mögen die Verdienste, die ich so erworben habe
Helfen, das Leid aller Wesen zu lindern.
Mein Leben in all meinen Existenzen,
Meine Besitztümer
Und die Früchte meiner guten Taten auf den drei Wegen
Gebe ich bedenkenlos hin,
Um das Heil aller Wesen zu bewirken.

So wie die Erde und alle Elemente
Den zahllosen Wesen im unendlichen Raum
Auf vielfache Weise dienstbar sind,
So möge auch ich das werden,
Was alle Wesen erhält,
Die der ganze Weltraum birgt,
Solange noch nicht alle
In Frieden sind.
(Bennett)

Nachdem ich all dies getan habe, lass auch mich ein Grund der Linderung sein, durch das, was ich auch immer an Gutem erreicht habe, für die Leiden aller Kreaturen. [...] Ohne Eigeninteresse opfere ich meine Körper, meine Freuden und mein Gutes, wo die drei Wege sich kreuzen, Vergangenheit, Gegenwart und Zukunft, für die absolute Erfüllung des Wohls aller Wesen ... So wie die Erde und andere Elemente auf verschiedene Weise dem Nutzen unzähliger Wesen im gesamten Weltraum dienen; so möge auch ich auf vielfältige Art ein Mittel zum

Erhalt aller Lebewesen im Weltraum sein, solange wie noch nicht alle befriedigt sind. (Matics)

Es gibt einen Übersetzungsunterschied im zweiten Vers. Matics spricht ausdrücklich von „Vergangenheit, Gegenwart und Zukunft" während Mrs. Bennetts „Verdienste auf den drei Wegen" sich auf eine andere traditionelle Formulierung bezieht: Verdienste durch Körper, Rede und Geist. Welcher dieser beiden Übersetzungen wir auch folgen, die generelle Aussage ist klar: Wir geben *alle* unsere Verdienste ab – der Vergangenheit, Gegenwart und Zukunft durch Körper, Rede und Geist. Wir wollen *nichts* davon nur für uns selbst. Manchen traditionellen Texten zufolge gibt es drei mögliche Ziele im Leben: Man kann sich Wohlergehen im derzeitigen Leben wünschen, man kann auf eine gute und glückliche Wiedergeburt in einem zukünftigen Leben hoffen, oder man hat vor Erleuchtung zum Wohle aller Wesen zu erlangen. Die Rezitation dieser Verse drückt aus, die dritte dieser möglichen Motivationen kultivieren zu wollen.

Das durchgängige Gefühl in diesem Abschnitt ist also eines von Altruismus und Dienstbarkeit anderen gegenüber, „so wie die Erde und alle Elemente den zahllosen Wesen im unendlichen Raum auf vielfache Weise dienstbar sind." Es gibt viele Hinweise in der buddhistischen Tradition zu der Vorstellung, dass die Elemente für alle da sind: Jeder kann auf der Erde stehen und sie nutzen, jeder atmet die Luft, jeder trinkt und benutzt das Wasser. Sie sind für alle frei, sie gehören allen, sie stehen vollständig im Dienste aller Wesen. Und genau das strebt der Bodhisattva an: für alle Lebewesen verfügbar zu sein, ihnen zu dienen, sie zu erfreuen – ohne Einschränkungen oder Begrenzungen. Denn genauso wie alle gleichermaßen Luft atmen, will der Bodhisattva gleichermaßen allen dienen.

Die Formulierung „das, was alle Wesen erhält" bezieht sich auf ākāśa, was manchmal mit „Raum" und manchmal mit „Äther" übersetzt wird. Es ist das feine Element (im Vergleich zu den groben Elementen Erde, Wasser, Feuer und Luft), das die anderen Elemente trägt, wie sie wiederum Lebewesen tragen und Grundlage des gesamten physischen Universums ist. Ein Bodhisattva strebt also nicht nur danach, wie Erde, Wasser, Feuer und Luft zu werden, sondern wie *ākāśa* zu sein, das diesen Elementen zugrunde liegt und sie beinhaltet. Und selbst über diesen Rahmen geht die Idee von Dharma hinaus, hier im Sinne von kosmischem Gesetz. Das Wort Dharma leitet sich von einem Verb ab, das „unterstützen" bedeutet. Letztendlich könnte man sagen, dass der Dharma alles unterstützt.

In diesen Versen der „Abgabe der Verdienste und Selbsthingabe" geben wir nicht nur unsere Besitztümer ab, sondern auch unsere Verdienste. Wir wollen noch nicht einmal unsere Tugenden für uns selbst behalten, unsere eigenen Mittel Nirvāṇa zu erlangen. Das ist sicherlich eines der schwierigsten Dinge, seine eigenen Tugenden, gewissermaßen sein Ansehen, aufzugeben.

Hakuin, der große Zenmeister, ist dafür ein gutes Beispiel. Eine Geschichte erzählt, dass er fälschlicherweise beschuldigt wurde, eine junge Frau geschwängert zu haben. Er verlor dadurch seinen Ruf als ehrenwerter Zenmönch und Zenmeister. Als das Kind geboren war, legte die junge Frau es an die Schwelle zum Tempel. Hakuin nahm es hinein und zog es auf. Nach einigen Jahren zeigte die Frau Reue und gestand, dass sie ihn damals falsch beschuldigt hatte, um jemand anderen zu schützen. Daraufhin gab er das Kind zurück. Aber in all diesen Jahren hatte er nie irgendetwas zu dieser Situation gesagt außer: „Ist das so?" Wenn Menschen sagten: „Das Mädchen beschuldigt dich, der Vater ihres Kindes zu sein!", dann sagte er nur: „Ist das so?" Wenn sie sagten: „Das ist dein Kind und du musst es großziehen!", gab er dieselbe Antwort. Und als die Frau zugab, dass ihre Anschuldigung falsch war und ihr Kind zurückwollte, erwiderte er genauso: „Ist das so?" An keinem Punkt ging es ihm um seinen eigenen Ruf als tugendhafter Zenmeister.

Hakuin hing nicht an seinen Verdiensten, ganz anders als viele Menschen, die sehr an ihrem Ruf hängen. Aus einer gewöhnlich menschlichen Perspektive ist die Wahrung seines eigenen guten Namens durchaus verständlich, aber aus höchster spiritueller Perspektive ist es ein Anhaften, das aufgegeben werden muss. Einem Bodhisattva macht es nichts aus, nicht wie ein Bodhisattva oder noch nicht einmal wie ein guter Mensch dazustehen, wenn das erforderlich ist. Er will ganz sicher seine Verdienste nicht für sich behalten, um Nirvāṇa vor allen anderen zu erreichen. In gewissem Sinne ist das Ego das Haupthindernis zwischen uns und der Erleuchtung. Wie könnte man jemals Erleuchtung erlangen, wenn das Ego nur gute Taten anhäufen will, die es als seine eigenen betrachten kann. Offensichtlich kann eine solche Perspektive nicht ans Ziel führen.

In diesem letzten Abschnitt der Puja sagt man in gewisser Weise: „Ich weiß, ich habe eine Puja gefeiert. Ich habe den Buddhas und Bodhisattvas Ehre erwiesen, habe Zuflucht genommen, meine Fehler eingestanden und Verdienste gelobt. Ich habe die Buddhas und Bodhisattvas gebeten zu lehren und mich ihrem Einfluss geöffnet. Aber ich erhebe keinen Anspruch auf diese Verdienste für mich selbst. Mögen sie zum spirituellen Nutzen aller Lebewesen beitragen, denn das ist mein eigentliches Interesse."

Dieser Abschnitt wird „Abgabe der Verdienste und Selbsthingabe" genannt, weil man sich an diesem Punkt geradezu selbst hergibt. Man hat kein eigennütziges Interesse, auch nicht an den eigenen guten Taten. Man beansprucht sie nicht für sich selbst. Aus der Mahāyāna-Sicht ist keine tugendhafte Handlung wirklich vollständig, bis ihre Verdienste allen Wesen gewidmet worden sind. Diese Übung transformiert das, was sonst nur der rein persönlichen Errungenschaft dienen würde, in etwas viel Größeres und Universelleres. Wir sollten also eine Grundhaltung des Widmens und Abgebens jeglicher Verdienste aus allen unseren positiven Handlungen kultivieren, insbesondere aus rituellen Handlungen wie der Puja.

Die Lehre von der Abgabe von Verdiensten (*pariṇāmanā*) behauptet aber nicht, dass etwas buchstäblich von einer Person auf eine andere übergegangen ist. Sie sollte eher poetisch verstanden werden und bezieht sich auf unsere innere Haltung. Wenn man z.B. in einem burmesischen Tempel eine Opfergabe darbringt, wird eine Glocke geläutet. Dahinter steht der Gedanke, dass jeder, der den Klang der Glocke hört, an den Verdiensten dieser Opfergabe teilhaben kann. Diese Lehre entsteht aus Struktur und Natur der Sprache selbst: wir können im Kontext des spirituellen Lebens fast gar nicht anders, als in Begriffen von Vermehrung zu reden: dieses erlangen, jenes entwickeln, etwas anderes erreichen. Wenn wir nicht aufpassen, kann uns dies in eine Art verfeinerte Selbstbezogenheit führen. Um dieser Tendenz entgegenzuwirken und uns davon abzuhalten, unsere Verdienste als tatsächlich unsere eigenen zu betrachten, die wir an unser Ego kleben, gibt es diese Lehre. Sie sagt: „Ja, entwickle Tugenden, erlange all die wunderbaren Bodhisattva-Eigenschaften, aber teile sie." Dieselbe Idee gibt es, wenn auch in einfacherer Form, im Hīnayāna-Buddhismus.

Wir können natürlich nicht ernsthaft unsere Verdienste abgeben wollen, wenn wir für andere Wesen nicht wirklich positiv empfinden. So gesehen ist die Abgabe der Verdienste und Selbsthingabe eine Form oder eine Ergänzung der *mettā bhāvanā*. Sie ist ein Training für Egolosigkeit und ebnet den Weg für das Aufkommen des *Bodhicitta*. Tatsächlich ist die gesamte Siebenfältige Puja darauf ausgerichtet, das Aufkommen des *Bodhicitta* zu fördern, also die Bedingungen zu erschaffen, in denen es sich entfalten kann.

Was ist genau gemeint mit *Bodhicitta*? Wortwörtlich bedeutet *Bodhicitta* „der Gedanke an oder der Wille zur Erleuchtung", aber der wesentliche Punkt ist, dass es sich dabei nicht um den, im engeren Sinne, individuellen Willen von jemandem handelt. Man muss natürlich mit dem individuellen Willen und einer individuellen Bemühung beginnen, aber *Bodhicitta* ist etwas, das zur individuellen, spirituellen Bemühung hinzukommt, wenn diese zu einem sehr hohen Grad rein, verfeinert, positiv und offen ist. Es ist, als ob ein Strom oder eine Tendenz Richtung Erleuchtung die Person ergreift. Hier kommt echte Hingabe ins Spiel. Man gibt sich dem Strom hin, öffnet sich und wird zu einem Medium dieses Stroms. Man ist nicht länger „man selbst" im engeren egoistischen Sinne. Etwas Höheres bedient sich Ihrer. Sie sind immer noch erkennbar als individuelles Lebewesen, das in der Welt funktioniert, aber es sind nicht nur Sie, die wirken – *Bodhicitta* wirkt und bewegt sich in Richtung Erleuchtung aller Wesen.

Deswegen habe ich manchmal davon gesprochen, dass sich *Bodhicitta* im Kontext der spirituellen Gemeinschaft manifestiert. Es ist nicht individuell, aber auch nicht kollektiv: es ist eine dritte Kategorie, die der spirituellen Gemeinschaft selbst. Die spirituelle Gemeinschaft, insbesondere in dem Maße, in der sie eine transzendente Gemeinschaft ist, ist eine Verkörperung von *Bodhicitta*. Genauso wie man auf der herkömmlichen Ebene erleben kann, wie eine Welle der Emotion durch eine Menschenmenge rauscht, was ich unter-individuell nenne, kann man die Manifestation von *Bodhicitta* in einer spirituellen Gemeinschaft über-individuell erleben. Wenn das geschieht, hat man das Gefühl, an etwas Höherem beteiligt zu sein als an sich selbst, obwohl es keine wirkliche Unterscheidung zwischen Ihnen und dem Höheren gibt. Obwohl eine große Zahl an Individuen daran beteiligt ist, ist es kein Massenerlebnis, gerade weil sie Individuen sind. In gewisser Weise kann es einen einsamen Bodhisattva gar nicht geben, obwohl es so aussehen mag. Wenn man aber an *Bodhicitta* als ein Auftauchen in einer spirituellen Gemeinschaft denkt, schützt man sich gegen den Gedanken an ein individuelles Phänomen. Man könnte sagen, dass *Bodhicitta* etwas ist, das sich manifestiert, wenn eine Reihe von Menschen einer spirituellen Gemeinschaft den Punkt erreicht hat, der vom siebten Abschnitt der Puja repräsentiert wird. Wenn Sie eine Puja mit echtem Gefühl gefeiert haben, sollte sich an deren Ende eine Erfahrung einstellen, die wie das Auftauchen von *Bodhicitta* ist.

Es gibt eine Ähnlichkeit zwischen der *Bodhicitta*-Lehre und dem Hīnayāna-Konzept des Stromeintritts. Aber es ist immer schwierig, Hīnayāna-Lehrformulierungen, die recht starr geworden sind, mit Mahāyāna-Lehrformulierungen in Beziehung zu setzen, die vielleicht ebenso starr geworden sind. Wenn man beide Konzepte etwas lockert, um zu schauen, was sie ursprünglich aussagen wollten, würde ich sagen, dass wahres *Bodhicitta* erst nach Stromeintritt auftaucht. Man kann natürlich schon lange vor Stromeintritt Richtung Buddhaschaft streben und sich ernsthaft der Lebensweise eines Bodhisattva widmen, aber das Aufkommen des *Bodhicitta* als ganze Erfahrung findet meiner Meinung nach erst nach Stromeintritt statt. Trotzdem können natürlich Einzelne, die noch nicht Stromeingetretene sind, im Kontext der spirituellen Gemeinschaft gewissermaßen einen Geschmack von *Bodhicitta* bekommen, wenn auch nicht im vollen Sinne. Sie mögen selbst noch keine „Blumen" sein, können aber zumindest den Duft derer genießen, die Blumen sind.

Zudem können sie im Bodhisattvageist handeln, soweit sie dazu in der Lage sind. Genauso wie der Bodhisattva bestrebt ist, allen Wesen im gesamten Kosmos seine Unterstützung anzubieten, können Sie das auf Ihrer eigenen Ebene tun, wenn Sie auch nur versuchen, das Bodhisattva-Ideal zu üben. Das sollte natürlicherweise beinhalten, die Ihnen nur mögliche Unterstützung Ihrer unmittelbaren Umgebung, Ihrer spirituellen Gemeinschaft, zukommen zu lassen. Wenn Sie keine Unterstützung anbieten, sondern die spirituelle Gemeinschaft nur als Vorteil für Ihre individuelle Entwicklung betrachten, dann leben Sie mehr in Eintracht mit dem Arahant-Ideal, sogar in dessen engster Auslegung. In dieser engen, extremen Form zerstört das Ideal sich selbst, denn man kann sich nicht wirklich selbst helfen, ohne anderen zu helfen. Wenn Sie meinen, sich selbst helfen zu können, während Sie andere ausschließen, haben Sie eine sehr starre Idee vom Selbst und von Anderen. Und so lange es diese feste Ansicht gibt, können Sie nicht einmal für sich selbst Erleuchtung erlangen. Uns selbst zu helfen beinhaltet, anderen zu helfen – anderen zu helfen beinhaltet, uns selbst zu helfen. Diese beiden Aspekte können wir nicht trennen. Wir können die spirituelle Gemeinschaft nicht nur als Annehmlichkeit für unsere eigene spirituelle Entwicklung benutzen, selbst wenn wir das wollten. Das Teilen der Verdienste, das uns dabei hilft, uns Richtung Bodhisattva-Ideal zu bewegen, ist in Übereinstimmung mit der Realität unserer Situation als Lebewesen.

13. Abschliessende Mantras

Die acht Mantras, die wir am Ende einer jeden Puja chanten, werden jeweils dreimal vom Leiter vor- und von den Teilnehmern nachgechantet:

Oṁ maṇi padme hūṁ (Avalokiteśvara)
Oṁ a ra pa ca na dhīḥ (Mañjushrī)
Oṁ Vajrapāṇi hum (Vajrapāṇi)
Oṁ Tāre tuttāre ture svāhā (Tārā)
Oṁ Amideva hrīh (Amithāba)
Oṁ muni muni maha-muni Śākyamuni svāhā (Śākyamuni)
Oṁ āh hūṁ vajra guru Padma siddhi hūṁ (Padmasambhava)
Gate gate pāragate pārasaṁgate bodhi svāhā (Prajñapāramitā)

Es gibt natürlich noch viele weitere Buddhas und Bodhisattvas mit ihren jeweiligen Mantras. In dieser Auswahl von acht sind einige der bekanntesten und meist verbreiteten enthalten. Aber bevor wir sie im Einzelnen vorstellen, müssen wir eine fundamentale Frage stellen. Was ist ein Mantra?

Das Wort „Mantra" wird manchmal übersetzt als „magische Worte" oder sogar „Zauberformel", aber diese Bezeichnungen erweisen sich als gänzlich falsch. Wenn wir uns der etymologischen Bedeutung des Wortes zuwenden, hilft das etwas – aber nicht sehr viel. Etymologisch kann man Mantra definieren als „das, was den Geist beschützt." Das Rezitieren eines Mantras beschützt zweifellos den Geist, aber das tut jede andere spirituelle Praxis auch, so dass diese Definition, wenn sie auch nicht in die Irre führt, nicht spezifisch genug ist.

Im Wesentlichen ist das Mantra ein Klangsymbol, so wie die Figur des Buddha oder Bodhisattvas eine Gestalt oder ein farbiges Symbol ist, ein besonderer Aspekt des erleuchteten Geistes. Wenn ich mich hier auf den Klang beziehe, meine ich nicht nur den äußeren Klang, der durch die Stimme hervorgerufen wird. Der Mantraklang ist auch ein innerer – in der Tat mehr noch ein innerer als ein äußerer. Manchmal wird die Wirksamkeit eines Mantras fälschlicherweise in Begriffen physischer Schwingungen erklärt. Es wird gesagt, dass das Rezitieren eines bestimmten Mantras eine bestimmte Anzahl von Vibrationen pro Sekunde produziert, die in bestimmter Art spirituell wirksam sind, aber dies ist ein zu grober und materialistischer Ansatz. Lama Govinda hat darauf hingewiesen, dass man, wenn Mantras nur physische Schwingungen wären, stattdessen auch einfach eine Aufnahme mit ihren Gesängen kaufen und sie immer wieder abspielen könnte, um von all den wunderschönen spirituellen Wohltaten zu profitieren.

So ist ein Mantra in erster Linie ein innerer Klang, eine innere Schwingung, sogar ein inneres Gefühl. Ich behaupte nicht, dass der äußere physikalische Klang überhaupt keine Bedeutung hat oder dass Mantras nicht auch laut rezitiert werden sollten. Aber die hartnäckige Wiederholung eines Mantras ist nur ein Mittel oder Katalysator für das innere Gefühl des Mantras, welches das ganze Sein durchschwingt. Die Beziehung zwischen der groben, äußeren oder verbalen Wiederholung und der subtilen, inneren und geistigen Wiederholung ist nicht ganz unähnlich der Beziehung zwischen einem gemalten Bild eines Buddha oder Bodhisattvas und der gleichen Figur, die Sie während der Meditation visualisieren. In jedem Fall führt das gröbere Erleben zur subtileren Erfahrung.

Aber auch wenn die verschiedenen Übersetzungen keine große Hilfe sind, gibt es einige Dinge, die man über ein Mantra sagen kann. All diese Dinge zusammengenommen tragen zu einer Definition bei. Zunächst ist es eine Reihe von Silben, die manchmal, aber nicht immer, ein Wort oder Wörter gestalten oder einschließen. Ob sie nun Wörter formen oder nicht, entstammen die Silben eines Mantras aus dem Alphabet des Sanskrits aus 64 Buchstaben. Üblicherweise werden Mantras nicht übersetzt. Manchmal wird gesagt, dass sie niemals übersetzt werden, aber das ist nicht ganz richtig, weil dies gelegentlich doch geschieht. Zum Beispiel unterscheidet sich das Padmasambhava-Mantra, das wir als eines der abschließenden Mantras singen (*Oṁ āḥ hūṁ vajra guru Padma siddhi hūṁ*), von dem, das wir oft nach dem siebten Abschnitt der Puja chanten (*Oṁ āḥ hūṁ jetsun guru Padma siddhi hūṁ*). Die letztere Fassung leitet sich aus dem tibetischen Gesang ab und ersetzt ein Sanskrit-Wort durch ein tibetisches. Die reine Sanskrit-Version ist wirklich die richtige Form, aber die Tibeter übersetzen manchmal ausgefallene Wörter in ihre eigene Sprache, wenn sie singen. Es ist überhaupt nicht ungewöhnlich, verschiedene Versionen eines Mantras zu haben, wenn auch nur wegen der falschen Aussprache. Zum Beispiel buchstabieren die Tibeter das Tārā-Mantra tāre tuttāre so, als hieße es *tāre tittāre*. Ähnlich sprechen sie das Avalokiteśvara-Mantra als *Oṁ maṇe peme hūṁ*.

Auf der anderen Seite singen die Tibeter eine alternative Version des Śākyamuni-Mantra: *Oṁ muni muni maha-muni Śākyamuniye svāhā*. Und dies ist insofern richtig, als das *ye* eine Dativbeugung repräsentiert, d.h. *muniye* bedeutet „zum Weisen". Aber diese Dativbeugung ist im Kontext des Mantrasingens nicht wirklich notwendig, so dass sie sicher auch weggelassen werden kann. Die Beugung, die wir beibehalten, ist me in *Oṁ maṇi padme hūṁ*.

Die zweite Sache, die wir über Mantras sagen müssen, ist, dass sie der logischen Analyse nicht zugänglich sind. In gewissem Sinne sind sie bedeutungslos. Es geht bei ihnen gerade darum, dass sie sich jeglicher Zuweisung einer „konventionellen" Bedeutung entziehen. Es gibt aber einige Mantras, die Wörter mit bestimmbaren Bedeutungen enthalten. Zum Beispiel gibt es das berühmte Mantra, das mit Avalokiteśvara assoziiert wird: *Oṁ maṇi padme hūṁ*. *Maṇi* bedeutet „Juwel" und *padme* bedeutet „im Lotus", so dass dem mittleren Teil des Mantras eine wörtliche Bedeutung zugewiesen werden kann („das Juwel im Lotus"), obwohl das anfängliche *Oṁ* und das abschließende *hūṁ* nicht auf solche Weise interpretiert werden können. Aber auch wenn die Wendung „das Juwel im Lotus" eine gute philosophische Bedeutung mit allen möglichen Auswirkungen im buddhistischen Denken und in der Praxis nahelegt, wäre es unzureichend zu sagen, dass dies der Bedeutung des Mantras gleichkommt. Solch eine Wendung kann nicht die wirkliche – viel weniger noch die vollständige Bedeutung – des Mantras wiedergeben. Bestenfalls gibt es eine Facette wieder – und nicht einmal die Wichtigste der Bedeutung. Es ist noch schwerer, einem Wort wie *svāhā*, das oft am

Ende von Mantras vorkommt, eine genaue Wortbedeutung zuzuweisen. Seine konventionelle Bedeutung ist so etwas wie: „so sei es" oder „das ist es". Aber es wäre wiederum falsch zu sagen, dass dies die Bedeutung innerhalb des Mantras wäre. Vielleicht ist es am besten zu sagen, dass es Bedeutungen der Bestätigung, des Wohlseins und des Erfolgs in sich trägt. *Svāhā* kommt recht oft in brahmanischen Ritualen vor, und deswegen löst es die falsche Sorte von Gefühlen unter den meisten indischen Buddhisten aus, insbesondere bei denen, die im Hinduismus einst als die „Unberührbaren" behandelt wurden. Es wäre so, als wenn westliche Buddhisten in einer Puja „Amen" sagen würden. Es ist nichts falsch daran, Amen zu sagen, wenn Sie es wörtlich nehmen – Amen meint einfach nur „Ja" –, aber die Konnotationen und Assoziationen wären gänzlich unpassend.

Viele Mantras enthalten überhaupt keine Wörter mit definierbaren Bedeutungen. Zum Beispiel besteht das Tārā-Mantra aus einer Abfolge von Modulationen der gesprochenen Form des Namens Tārā, das heißt „Tāre". Es gibt keine analysierbare Bedeutung. Wenn man das Mantra rezitiert, jongliert man offensichtlich mit dem Klang des Namens. Trotzdem sind Mantras nicht einfach nur Namen – zumindest nicht im Sinne einfacher Bezeichnungen. Einige Mantras schließen den persönlichen Namen, oder Variationen über den Namen des Buddha oder Bodhisattvas ein, zu dem sie „gehören" – andere nicht.

Drittens, und besonders wichtig, ist ein Mantra ein Klangsymbol einer besonderen Gottheit wie ein Buddha oder Bodhisattva. Falls diese Gottheit ein Klang werden kann, was gemäß dem Tantrischen Buddhismus so sein kann und auch ist, dann stellt dieser Klang ein Mantra dar. So wie das visualisierte Bild eine Entsprechung einer Gottheit in Begriffen von Form und Farbe ist, so ist ein Mantra die Entsprechung in Begriffen des Klangs. Man kann sich das Mantra deswegen als den wahren, inhärenten Namen einer Gottheit vorstellen – unabhängig davon, ob es den konventionellen Namen des Gottes enthält oder nicht. Wenn wir eine Person beim Namen nennen, wird sie kommen. Ähnlich wird eine Gottheit erscheinen und anwesend sein, wenn wir sie mit einem für sie speziellen Mantra anrufen.

Viertens wird der Begriff „Mantra" in der strikten tantrischen Bedeutung benutzt, wenn der Guru es während der tantrischen Initiation dem Schüler vorgesprochen hat, der Schüler es dreimal wiederholt hat und durch dieses Ritual die spirituelle Energie „übertragen" wird. Wenn ein Mantra nicht auf diese Weise übergeben wird, ist es kein echtes Mantra. Manche Menschen stoßen in Büchern auf Mantras, lernen sie und fangen an sie zu rezitieren. Sie mögen sogar einigen Nutzen daraus ziehen, aber was sie rezitieren, ist kein Mantra. Teil der Bedeutung des Mantra ist, dass der Praktizierende durch den Guru ermächtigt wird, es zu benutzen, d.h. durch eine spirituell weiter entwickelte Person als der Praktizierende selbst, mit dem er oder sie in Kommunikation ist. Wenn es auf irgendeine andere Weise aufgenommen wird, mag es eine gute religiöse Praxis sein, aber es ist keine tantrische Rezitation eines Mantra. Übrigens muss der Guru nicht notwendigerweise ein menschliches Wesen sein. Es ist möglich, Mantras in Träumen zu empfangen oder im Verlauf einer Meditation durch eine Gurufigur.

Fünftens und letztens ist ein Mantra etwas, das wiederholt wird. Es sollte regelmäßig und ernsthaft über eine lange Zeit wiederholt werden, bis die innere Wiederholung schließlich spontan kommt und keine bewusste Anstrengung mehr braucht. Falls dies aber vernachlässigt wird, wird sich die Energie, die ursprünglich durch den Guru übermittelt worden ist, langsam verlieren.

Die Rezitation von Mantras nimmt im tantrischen Buddhismus einen außergewöhnlich wichtigen Platz ein. Das Tantra war in der Tat ursprünglich bekannt als Mantrayāna, „der Weg der Mantras". Diese Art unterscheidet sich vom Mahāyāna, der bekannt wurde als *Pāramitāyāna*, der „Weg der Praxis der Vollkommenheiten". Der Begriff Vajrayāna kam viel später in Gebrauch und bezog sich auf die fortgeschrittene und radikale Entwicklung der tantrischen Tradition. Man sagt, dass der Fortschritt im *Mantrayāna* schneller gehe als im *Pāramitāyāna*. Die Praxis der Vollkommenheiten – Großzügigkeit, Ethik, Geduld, Kraft, Meditation und Weisheit – repräsentiert ein komplettes Programm ethischer und spiritueller Entwicklung, aber es wirkt eher auf den bewussten Geist, zumindest in den frühen Stadien. Es ist ein anstrengender, aber allgemein verständlicher Praxisweg. Das *Mantrayāna* auf der anderen Seite wendet sich stärker an den unbewussten Geist. Es zielt direkt auf den Kontakt mit den spirituellen Kräften, die latent in den Tiefen des Geistes liegen – Kräfte, die letzten Endes unterschiedliche Aspekte des erleuchteten Geistes sind. Diese Aspekte des erleuchteten Geistes sind personifiziert oder genauer kristallisiert in den Formen der Buddhas, Bodhisattvas und anderen Gottheiten. Gemäß dem Tantra kann man zu ihnen Kontakt aufnehmen – durch die Praxis der Visualisierung ihrer Form und Farbe, zusammen mit ihrer Anrufung und dem mantrischen Klang.

Das Chanten der Mantras kommt am Ende der Siebenfältigen Puja. An diesem Punkt haben wir uns schon auf verschiedene Weise in Beziehung zum erleuchteten Geist erlebt, wie es durch die aufsteigende Folge der sieben Stufen der Puja repräsentiert wird. Wir haben die starken spirituellen Emotionen und aufsteigenden leidenschaftlichen Bemühungen erspürt, indem wir uns selbst in Beziehung zur Erleuchtung sehen. Trotzdem mag der erleuchtete Geist für uns noch ganz entfernt erscheinen, etwas von einer ganz anderen Dimension. Das Rezitieren von Mantra beinhaltet die tatsächliche Gegenwart von Erleuchtung, der Buddhas und Bodhisattvas – in der Welt und in unserem eigenen Sein. Es zeigt die echte Möglichkeit für unsere Energien, radikal transformiert zu werden, so dass wir die Qualitäten der Erleuchtung, die tief in uns vergraben sind, zutage fördern können und zu einem Kanal für das Aufleuchten des *Bodhicitta* werden. Dieser tantrische Hauch kann die ganze Puja auf eine höhere Ebene heben.

Auch wenn die Siebenfältige Puja aus der Mahāyāna-Tradition kommt, beinhaltet die Version, die wir bei Triratna benutzen, ausdrücklich auch Elemente aus dem Hīnayāna und dem Vajrayāna. Dies tun wir nicht, um einfach alle drei traditionellen Wege zu repräsentieren, sondern wegen der spirituellen Wirksamkeit.

Lassen Sie uns nun die acht Buddhas und Bodhisattvas kennen lernen, deren Mantra wir am Ende der Siebenfältigen Puja singen. Die ersten drei Bodhisattvas werden bei den Tibetern die drei „Familienbeschützer" genannt. Sie repräsentieren Mitgefühl (Avalokiteśvara), Weisheit (Mañjuśrī) und spirituelle Energie (Vajrapāṇi).[22]

---

22 Eine ausführlichere Darstellung von den Bodhisattvas finden Sie bei Vessantara, *Zum Wohl aller Wesen*, do evolution Essen, 2001.

Das Avalokiteśvara-Mantra ist am meisten bekannt und das meist gesungene Mantra. Avalokiteśvara ist die Quintessenz des Mitgefühls, der bedeutendste Bodhisattva der Lotus-Familie, dessen Oberhaupt der Buddha Amitābha ist. Er ist der aktive Ausdruck der grenzenlosen Liebe, die Amitābha repräsentiert. Er wird manchmal rot wie Amitābha dargestellt, besonders in der Form, die man als *Padmapāṇi* kennt („Lotus in der Hand"), wird aber noch öfter in scheinend reinem Weiß dargestellt, meist in seiner vierarmigen und tausendarmigen Form. Die vielen Arme dieser außergewöhnlichen Figur reichen in alle Richtungen, um leidenden Wesen zu helfen. Sein Name bedeutet daher: „der Herr, der die Welt betrachtet", der das Leiden der Wesen sieht, so dass er antworten kann.

So wie Avalokiteśvara die Verkörperung absoluten Mitgefühls ist, so ist Mañjuśrī, auch bekannt als Mañjughoṣa, die Verkörperung der transzendenten Weisheit. Mañjuśrī erscheint in der Form eines schönen 16 Jahre alten Jugendlichen, in einer tiefgelben Farbe und in der üblichen Seide und den Juwelen eines Bodhisattva gekleidet. Sein rechter Arm zeigt nach oben und über seinem Kopf schwenkt er das Flammenschwert der Weisheit, mit dem er die Fesseln von Karma und Unwissenheit zerschneidet. In seiner linken Hand, die er an sein Herz presst, hält er ein Buch der Vollkommenen Weisheit. Im Zuge seiner Verkörperung von höchster Weisheit ist er auch als „der Herr der Sprache" bekannt und wird als Schirmherr der Künste und Wissenschaften gesehen.

Um etwas von der endlosen Energie zu übermitteln, die Vajrapāṇi verkörpert, wird er oft in zorniger Haltung dargestellt, auch wenn es friedliche Formen gibt. In der verbreiteten, zornigen Form ist er dunkelblau wie der Mitternachtshimmel, korpulent und stark mit dicken kurzen Gliedmaßen und einem hervorstehenden Bauch. Sein kräftiger Körper ist üblicherweise nackt – abgesehen von Schmuck aus menschlichen Knochen – und er trägt eine Krone aus menschlichen Schädeln. Er hat drei Augen, die wild glänzen – das dritte in der Mitte seiner Stirn. Umgeben von einem Lichterkranz stampft er triumphierend auf zwei Figuren, die die Unwissenheit und das Verlangen repräsentieren, die Übel, die er zerstört hat. Sein rechter Arm ist erhoben und mit seiner rechten Hand greift er, als wäre er bereit zum

Schleudern, den Vajra oder diamantenen Donnerkeil. In der Tat bedeutet sein Name „Donnerkeil in der Hand."

Den drei Familienbeschützern folgt Tārā, die weibliche Hauptform des Buddha und der Bodhisattvas. Das Mantra, das wir singen, ist besonders das der grünen Tārā. Die andere sehr populäre Form, die der weißen Tārā, ist eine etwas erweiterte Version desselben Mantras. Wie Avalokiteśvara manifestiert Tārā vor allem die Qualität des Mitgefühls und ihre Hände zeigen Gesten, die das Geben und die Vertreibung der Angst symbolisieren. Ihr Name bedeutet: „diejenige, die hinüber fährt", d.h. diejenige, die die Wesen über den Fluss von Saṁsāra von Geburt und Tod fährt, um das andere Ufer, Nirvāṇa, zu erreichen. Der Name Tārā wird manchmal mit „Retterin" übersetzt, aber diese Übersetzung ist vielleicht irreführend. Tārā repräsentiert eher die Haltung Menschen so zu helfen, dass sie sich selbst helfen können.

Amitābha, dessen Mantra als nächstes kommt, ist der rote Buddha der westlichen Himmelsrichtung. Sein Name bedeutet wörtlich „unbegrenztes Licht" und er verkörpert nicht nur Licht, sondern auch Wärme, die reifende Kraft großer Liebe, die durch seine tiefe, glänzend rote Farbe symbolisiert wird. Amitābhas Wahrzeichen, die Lotusblume, symbolisiert spirituelle Entfaltung und Wachstum, ein Prozess, der durch Liebe genährt und gefördert wird. Seine Hände liegen in der Mudra der Meditation. So wie die Sonne im Westen herrlich rot flammend untergeht, so zieht sich der Geist von den Sorgen der Alltagswelt zurück, wenn er in den Zustand der Meditation eintritt – stiller, aber lebendiger als je zuvor.

Das nächste Mantra ist das von Śākyamuni, dem historischen Buddha, das außergewöhnliche menschliche Wesen, das für andere in unserem Zeitalter den Weg zur Erleuchtung entdeckt und geöffnet hat. Als zentrale Figur im Riesenfundus der buddhistischen Lehren, der Hingebungspraxis und der Kunst verkörpert Śākyamuni all die zahllosen und exzellenten Buddha-Qualitäten. Gleichzeitig erinnert uns seine Gegenwart daran, was wir in der „kurzen Puja" sagen:

Der Buddha war ein Mensch, so wie wir Menschen sind.
Was der Buddha überwunden hat, das können auch wir überwinden.
Was der Buddha erreicht hat, das können auch wir erreichen.

Auf Śākyamuni folgend kommt Padmasambhava, der archetypische Guru. Als teils historische, teils mythische Figur hat er den bei weitem wichtigsten Einfluss auf die Etablierung des Buddhismus in Tibet gehabt, wo er die lokalen Götter und Dämonen bezwungen und zu Beschützern des Dharma bekehrt haben soll. Er repräsentiert deswegen unter anderem die Fähigkeit, starke psychische Kräfte zu handhaben und zu integrieren. Er ist eine heldenhafte und kraftvolle Figur und in seiner wesentlichen Manifestation – er hat noch viele andere – wird er in reicher, bunter und königlicher Kleidung gezeigt. Auf seinem Kopf trägt er die berühmte Lotushaube, die in einem Vajra und einer Geierfeder endet. Er hält eine Schädelschale und einen goldenen Vajra. In der linken Armbeuge liegt eine lange Stange mit Wimpeln, gekrönt von drei abgetrennten Menschenköpfen und einem Dreizack. Sein Ausdruck ist gutmütig und mitfühlend, auch wenn sein Lächeln nicht ohne einen Hauch von Wildheit daherkommt.

Schließlich gibt es noch das Mantra der Vollkommenen Weisheit, Prajñāpāramitā, das in gewisser Weise unpersönlich ist. Es mag diejenigen ansprechen, die mit „persönlichen" Verkörperungen von Idealen nicht so gut klarkommen. Auch wenn es eine Figur von Prajñāpāramitā gibt, hat sie doch ein anderes Mantra. Die normale Assoziation dieses Mantras, das aus dem *Herz-Sūtra* stammt, ist eher *Prajñāpāramitā* oder Vollkommene Weisheit im Abstrakten, als *Prajñāpāramitā* als Gottheit, die man visualisieren kann. Letztendlich gibt es keine strenge oder feste Unterscheidung.

Die Puja endet also mit der Vollkommenen Weisheit, die subtile Weisheit, die über alles hinausgeht, Weisheit, die – wie es im *Herz-Sūtra* steht – „sich an nichts mehr klammert", die Weisheit, die die Essenz der Erleuchtung aller Buddhas ist. Während wir im Strahlen dieses letzten Mantras verweilen, das die angesammelte Ausstrahlung aller Mantras in sich trägt, singen wir nur vier weitere Wörter, jedes leiser und milder als das jeweils vorherige: oṁ śānti, śānti, śānti (oṁ, Frieden, Frieden, Frieden…). Wir erleben vielleicht einen Schimmer dieses Friedens, der sofort vollkommen ruhig und absolut dynamisch ist, übervoll mit Energie und Potenzial. Wir bleiben für eine kurze Zeit – oder vielleicht auch für eine etwas längere Zeit – in Stille, um die Emotionen, die durch die Siebenfältige Puja hervorgerufen worden sind, aufzunehmen und uns an ihnen zu erfreuen.

Siebenfältige Puja

Verehrung

Mit Mandaravablüten, blauem Lotus und Jasmin –
Mit allen bezaubernden, duftenden Blumen
Und kunstvoll geflochtenen Blütengirlanden
Verehre ich die Fürsten der Weisen, Denen alle Ehre gebührt.

Ich hülle sie in Wolken von Rauch
Mit schwerem, süßem, berückendem Duft.
Erquickende Tränke und labende Speisen
Bringe ich ihnen zum Opfer dar.

Ich spende Lampen aus Edelsteinen,
Die in Ketten goldener Lotusse hängen.
Auf die parfümbesprengten Fliesen
Streu' ich den schönsten Blumenflor.

Begrüssung

So viele Atome es geben mag
In den Milliarden Welten,
So oft verneige ich mich in Ehrfurcht
Vor allen Buddhas der drei Zeiten,
Vor der vollkommenen Lehre
Und vor der ausgezeichneten Gemeinschaft.

Lobpreisend grüße ich alle Schreine
Und Orte, wo die Bodhisattvas waren.
Ich verbeuge mich tief vor den weisen Lehrern
Und allen, die respektvoll zu grüßen sind.

Zufluchten & Vorsätze

Heute noch
Nehme ich Zuflucht
Zu den mächtigen Beschützern,
Die sich für das Wohl der Welt einsetzen,
Zu den gewaltigen Siegern,
Die alles Leiden überwinden.

Mit ganzem Herzen nehme ich Zuflucht
Zum Dharma, den sie gemeistert haben
Und der Schutz vor dem Rad der Geburten gewährt.

Ebenso nehme ich Zuflucht
Zur Gemeinschaft der Bodhisattvas

Eingeständnis von Fehlern

Alles Schlechte, das ich angehäuft habe –
Ob aus eitler Verstocktheit oder aus Unwissenheit,
Böses im alltäglichen Leben
Wie auch Böses im Sinne der Lehre –
Das alles offenbare ich den Beschützern.

Die Hände in Verehrung gehoben
Und voller Furcht vor dem Leiden Stehe ich vor ihnen.
Ehrfürchtig verneige ich mich wieder und wieder.

Mögen die Führer dies wohlwollend annehmen,
Mit allen Fehlern, ganz wie es ist.
Was nicht gut ist, ihr Beschützer, Werde ich nicht wieder tun.

Lob des Guten

Ich preise voller Freude
Das Gute, das alle Wesen vollbracht haben,
Wodurch sie Ruhe im Ende des Leidens finden.
Mögen doch die Bedrückten glücklich sein!

Ich preise die Befreiung der Wesen
Aus dem leidvollen Rad der Geburten.
Ich preise die Natur des Bodhisattva
Und des Buddha.
Sie sind Beschützer.

Ich preise die Aufnahme des Erleuchtungsstrebens
Und die Lehre –
Sie sind Meere des Glückes für alle
Und der Hort des Wohls aller Wesen.

Bitte um Belehrung und Verweilen

Mit gefalteten Händen
Bitte ich die Buddhas in allen Weltgegenden:
Mögen sie das Licht des Dharma hell entzünden
Für alle, die aus Verblendung ins Leiden geirrt sind!

Mit gefalteten Händen
Flehe ich die Sieger an, die ins Nirvana übergehen wollen:
Mögen sie hier für endlose Zeiten verweilen,
Damit das Leben in dieser Welt nicht düster werde!

Abgabe der Verdienste und Selbsthingabe

Mögen die Verdienste,
Die ich so erworben habe,
Helfen das Leid aller Wesen zu lindern.
Mein Leben in all meinen Existenzen, Meine Besitztümer
Und die Früchte meiner guten Taten auf den drei Wegen
Gebe ich bedenkenlos hin,
Um das Heil aller Wesen zu bewirken.

So wie die Erde und alle Elemente
Den zahllosen Wesen im unendlichen Raum
Auf vielfache Weise dienstbar sind, So möge auch ich das werden,
Was alle Wesen erhält,
Die der ganze Weltraum birgt,
Solange noch nicht alle
In Frieden sind.

Mantras

OṂ MAṆIPADME HŪṂ
(Avalokiteśvara)

OṂ A RA PA CA NA DHĪḤ
(Mañjuśrī)

OṂ VAJRAPĀṆI HUṂ
(Vajrapāṇi)

OṂ TĀRE TUTTĀRE TURE SVĀHĀ
(Tārā)

OṂ AMIDEVA HRIḤ
(Amitābha)

OṂ MUNI MUNI MAHĀMUNI ŚĀKYAMUNI SVĀHĀ
(Buddha Śākyamuni)

OṂ ĀḤ HŪṂ VAJRAGURU PADMASIDDHI HŪṂ
(Padmasambhava)

GATE GATE PĀRAGATE PĀRASAṂGATE BODHI SVĀHĀ
(Prajñāpāramitā)

OṂ ŚANTI ŚANTI ŚANTI

Begriffserläuterungen

Hier haben wir vor allem diejenigen Begriffe zusammengestellt, die nicht als einzelner Abschnitt im Text auftauchen oder deren Erklärung dort nicht so leicht zu finden ist. Ebenso führen wir die unterschiedlichen Schreibweisen der wichtigsten Namen an.
(Skt. = Sanskrit, P. = Pali)

Ánanda (sprich: Áananda)
 auch Ānanda
Ārya-Sangha (ārya-saṅgha)
 Gemeinschaft der Edlen (ārya), d.h. all jener, die unumkehrbar Einsicht in die wahre Natur der Dinge erlangt haben und deshalb mit Sicherheit Erleuchtung erreichen werden.
Avalókitéschvara
 auch Avalokiteçvara, Avalokiteshvara, Chenresi (tib.), Kuan Yin (chin.) oder Kannon bzw. Kanzeon (jap.). Bodhisattva des Mitgefühls.
Bhíkkhu/nī (P.)
 buddhistische/r Mönch/Nonne
Bhikṣu/nī (Skt., sprich: bíkschu/nii)
 buddhistische/r Mönch/Nonne
Bodhisattva
 Wörtlich „Erleuchtungswesen". Ein Wesen, das sich verpflichtet hat, ein Buddha zu werden, um allen anderen Wesen auf bestmögliche Weise helfen zu können, durch Erlangen von Erleuchtung das Leiden zu überwinden.
Buddha
 Ein Titel, der besagt, dass diese Person „erwacht" ist. Ein Buddha ist jemand, der Erleuchtung (Erwachen) erlangt, d.h. Weisheit und Mitgefühl zu höchster Vollkommenheit entwickelt hat. Insbesondere wird dieser Titel auf Siddhártha Gautama angewandt, der auch unter

dem Namen Schákjamúni bekannt und der Begründer des Buddhismus ist.

Ch'an (sprich: tschan)
> chin. für Zen

Chanten
> von engl. to chant = (ab)singen, rhythmisch rufen, engl. chant = (feierlicher) Gesang, Kirchenlied. Es bezeichnet im engeren Sinn das Singen von religiösen Liedern oder Mantren als religiöse Praxis. Im Unterschied zum „professionellen" Singen, z. B. in einem Kirchenchor, geht es beim leistungsfreien Chanting nicht um musikalische Perfektion oder Kunst, sondern darum, durch länger andauerndes Wiederholen und die Konzentration auf den Chant und die Gruppe soziale, gesundheitsfördernde und transzendente Wirkungen zu entfalten.

Dharma
> Wörtlich „das Tragende", „das Gesetz". Ein Wort mit zahlreichen Bedeutungen. Zum einen steht es als universelles Gesetz für die „Wahrheit" oder „höchste Wirklichkeit", aber auch für alle Lehren und Methoden, die dem Erreichen der Erleuchtung dienen und die es in sofern ermöglichen, die „Dinge", Daseinsfaktoren oder Erscheinungen (3. Bedeutung von dharma) so zu sehen, wie sie wirklich sind. Insbesondere werden die Lehren des Buddha als Dharma bezeichnet.

förderlich/schädlich
> Sittlich-moralische Richtlinien für alles Verhalten, ob mit Körper, Rede oder Geist. Als schädlich (Skt. akuçala, P. akusala) bezeichnet man das Verhalten, das in Hass oder Abneigung, selbstsüchtigem Verlangen, geistiger Unklarheit oder spiritueller Unwissenheit wurzelt. Förderliches (Skt. kúçala, P. kúsala) Verhalten hin gegen ist frei von Begehren, Hass und spiritueller Unwissenheit. Positiv ausgedrückt ist es von Großzügigkeit, Liebe, Mitgefühl und rechtem Verstehen motiviert. Als wörtliche Übersetzungen für kusala werden gut, heil, richtig, verdienst voll, klug und gesund angegeben. Manche Übersetzer benutzen dafür auch die Worte heilsam oder geschickt.

Haushälter
: manchmal auch Hausherr ist die traditionelle Bezeichnung für Menschen, die ein häusliches, d.h. Familienleben führen, im Gegensatz zu den Mönchen und Nonnen, die traditionell gesprochen in die Hauslosigkeit gezogen sind, alle weltlichen Verpflichtungen hinter sich lassen, um sich völlig ihrem spirituellen Streben zu widmen.

Hīnayāna
: Wörtlich „kleines Fahrzeug". Sammelbezeichnung für die buddhistischen Schulen, die nicht das Bodhisattva-Ideal lehren. Der Begriff ist unter Mahāyāna-Buddhisten gebräuchlich und wird von den Anhängern der Theravāda-Schule als herabsetzend empfunden.

Juwelen, Drei
: Das sind Buddha, Dharma und Sangha, die drei höchsten Werte des Buddhismus.

Mahāyāna
: Wörtlich „großes Fahrzeug". Sammelbezeichnung für alle buddhistischen Schulen, die das Bodhisattva-Ideal des uneigennützigen Strebens nach Erleuchtung lehren, was es den betreffenden Übenden ermöglichen soll, anderen Wesen auf die bestmögliche Weise zu helfen, das Leiden zu überwinden.

Mittlerer Weg
: Bezeichnung des historischen Buddha für den spirituellen Weg, den er wiederentdeckt hat. Er besteht in der Ablehnung aller Extrempositionen, insbesondere der Existenz oder Nicht-Existenz aller Dinge, zugunsten einer höheren Synthese in Form der Lehre vom bedingten Entstehen. Diese besagt, dass nichts aus sich heraus eine Eigenexistenz habe, sondern alles in Abhängigkeit von Bedingungen entsteht und vergeht. Daraus ergibt sich die Ablehnung von extremen Ansichten wie Nihilismus (Vernichtungsglaube) und Eternalismus (Ewigkeitsglaube) und extremen Verhaltens wie die Hingabe an Sinnenfreuden einerseits und Selbstkasteiung und Askese andererseits. (S. 136, Buddhismus auf einen Blick)

Nirvāṇa (Skt., P. nibbāna)
: Der Zustand der Erleuchtung, des Endes allen Leidens, der sich durch das Verloschensein der Wurzeln allen Übels (Gier, Hass und Verblendung) kennzeichnen lässt.

Śamatha (P., Skt. çámatha)
: Wörtlich „Beruhigung, Gemütsruhe". Śamatha-Meditation zielt auf eine tiefe psychische Integration und die Entwicklung positiver Geistesverfassungen, wodurch man alle physischen und besonders auch die geistigen Ablenkungen überwindet und schließlich ein tiefes, umfassendes Gefühl der Ruhe und Klarheit erlebt.

Saṃsāra (sprich: ssangssáara)
: Der Daseinskreislauf von Geburt und Tod, der durch Leiden und Enttäuschung gekennzeichnet ist und dem nur durch Erleuchtung ein Ende gemacht werden kann.

Sangha (P. saṅgha, Skt. saṃgha)
: Im weitesten Sinn die Gemeinschaft all derer, die sich auf dem Pfad zur Buddhaschaft befinden. Als eine der Zufluchten bezieht sich Sangha allein auf Edle (ārya-saṅgha). Im engeren Sinn kann sich der Begriff auch bloß auf all jene beziehen, die zu buddhistischen Mönchen oder Nonnen ordiniert worden sind.

Sákjamúni (Skt., Çákyamuni u. auch Shakyamuni)
: Wörtlich „der Weise aus dem Schakja-Geschlecht"; eine Bezeichnung für Gautama Siddhártha, den Begründer des Buddhismus.

Sakjer (auch çákyas o. shakyas)
: Ehemals als kleines republikanisches Gemeinwesen organisierter Stamm im heutigen Süd-Nepal, wo der historische Buddha vor etwa 2.500 Jahren geboren wurde.

Siddhártha
: Siddhártha Gautama (Skt., P. Siddhattha Gotama)

Stromeingetretene
: siehe Ārya-Sangha

Sūtra (Skt., sprich: ssúutra, P. sutta)
: Wörtlich „Leitfaden". Bezeichnung für die Lehrreden des Buddha.

Ti-Piṭaka (P., Skt. Tri-Píṭaka)
: Wörtlich „drei Körbe". Bezeichnung für die kanonischen Schriften des Sutta-Píṭaka (Skt. *Sūtra-*), des Abhidhamma-Píṭaka (Skt. Abhidharma-) und des Vinaya-Píṭaka.

Vipassanā (P., Skt. vipaçyanā, sprich: vipáschjanaa)
: Wörtlich „Einsicht, Hell- oder Klarblick". Mit vipassanā werden alle Meditations- oder Reflexionsmethoden bezeichnet, die zur Entwicklung von Einsicht in die wahre Natur der Dinge dienen. Um vipassanā zu üben, braucht man eine stabile Grundlage von śamatha, d.h. eine kraftvolle emotionale Positivität und einen hohen Grad psychischer Integration.

Theravāda
: Wörtlich „Schule der Älteren". Die Form des Buddhismus, die in Thailand, Burma und Sri Lanka vorherrscht.

Vajrayāna (sprich: wadschrajaana)
: Wörtlich „Weg des vajra oder des Diamant-Donnerkeils", häufig auch „Diamant-Fahrzeug". Eine andere Bezeichnung für das buddhistische Tantra Indiens und der Himalaja-Region.

Zen (jap., sprich: senn)
: Eine Schule des Mahāyāna-Buddhismus, die sich haupt sächlich in Japan, China (Ch'an) und Korea (Son) entwickelt hat. Das Wort Zen ist aus dem Sanskrit-Wort dhyāna für „Meditation" entstanden, und tatsächlich spielt das Üben der Sitz-Meditation im Zen eine wichtige Rolle. Zen verlässt sich bei seiner Dharma-Vermittlung nicht auf Worte und logische Vorstellungen, sondern bevorzugt oft den Einsatz von Taten oder Paradoxen.

Zufluchtnahme
: Der Akt, durch den sich Menschen dazu verpflichten, Erleuchtung zu erlangen. Gleichzeitig auch die Bezeichnung für die Zeremonie des formellen Bekenntnisses zum Buddhismus.

Hinweise zur Schreibung und Aussprache

Die im Text auftauchenden Sanskrit- und Pāli-Worte sind wissenschaftlich umgeschrieben. Wie diese Zeichen ungefähr auszusprechen sind, ist in dem folgenden kurzen Überblick angegeben.

Alle Begriffe mit ṣ oder ś sind Sanskrit (Skt.), da das Pāli (P.) über keine sch-Laute verfügt. Im Pāli sind indes häufiger Doppelkonsonanten zu finden: z. B. dhamma oder vitakka, die auf Sanskrit dharma und vitarka heißen.

In der Liste der Geistesereignisse haben wir auch die tibetischen Begriffe aufgeführt und dort gleich eine ungefähre Aussprache angegeben. Im Tibetischen (Tib.) werden die Vokale immer kurz gesprochen, besonders auch das a am Ende; sh wird als sch ausgesprochen, was wir dort nicht extra angegeben haben.

Aussspracheregeln im Überblick

(Ein Akzent auf einem Vokal bedeutet, dass diese Silbe die Betonung trägt.)

a, i, u	kurz (wie in „kalt", „schrill", „jung")
ā, ī, ū	lang (nidāna = nidáana, śūnyatā = schúunjataa)
e, o	lang, ausgenommen vor Doppelkonsonanten
c =	tsch (cetanā = tschéetanaa, *Bodhicitta* = bóoditschitta)
j =	stimmhaftes dsch (samprajanya = samprádschanja)
ñ =	nj wie etwa in „Avignon"
ṅ	wie das n in „Anker"
s	immer stimmlos, d.h. wie ß
ś, ṣ =	sch (sparśa = sparscha, upekṣā = upéekschaa)
v =	w
y =	deutsches j

ṃ nasaliert entweder den vorausgehenden Vokal oder seine Aussprache wird dem nachfolgenden Konsonanten angepasst. Tāṃ ist also wie das französische „temps" auszusprechen, hūṃ etwa wie „huung" und saṃsāra wie „ssangssáara".

bh, ch, dh, gh, jh, kh, ph, th sind jeweils ein „Buchstabe", auch wenn sie als zwei Buchstaben umgeschrieben werden. Sie gelten als einfache, aspirierte Konsonanten und sind mit leichtem, für das europäische Ohr kaum wahrnehmbarem Hauchlaut auszusprechen, das heißt ph = p-(h) und ch = tsch-(h). Sie werden also nicht zu einem Laut zusammen gezogen wie im Deutschen beispielsweise „ph" zu „f". Da das h zum Buchstaben gehört – und ohnehin kaum hörbar ist –, darf es auch nicht abgetrennt werden. Es heißt also „bud-d(h)ang" und „sang-g(h)ang" und nicht „budd-hang" und „sang-hang".

Bei ḍ, ḍh, ḷ, ṇ, ṛ, ṣ, ṭ, ṭh (bei einem Punkt unter dem jeweiligen Buchstaben) ist die Zunge gegen den Gaumen zu pressen.

Doppelkonsonanten sind immer doppelt zu sprechen, etwa wie in „Brotteig". Bei mehrsilbigen Worten liegt die Betonung in der Regel auf der drittletzten Silbe (cétanā, védanā, śūnyatā). Wenn die vorletzte Silbe jedoch einen langen Vokal enthält oder der kurze Vokal von Doppelkonsonanten gefolgt ist, so trägt sie den Ton (samādhi, ottáppa, vikṣépa). Bei zweisilbigen Worten liegt die Betonung auf der ersten Silbe (Dhárma, spárśa, māna).

Adressen

Sangharakshita gründete die Freunde des Westlichen Buddhistischen Ordens (FWBO). Die Gemeinschaft wurde 2010 umbenannt wurde und heißt heute Buddhistische Gemeinschaft Triratna.

Arnsberg-Sundern
Buddhistisches Zentrum Arnsberg
Sunderner Straße 25 (Haus Tanneck), 59821 Arnsberg
Tel.: 02931 5395509
info@triratna-arnsberg-sundern.de
www.triratna-arnsberg-sundern.de

Berlin
Buddhistisches Tor Berlin
Grimmstraße 11c, 10967 Berlin-Kreuzberg
Tel.: 030 28598139
info@buddhistisches-tor-berlin.de
www.buddhistisches-tor-berlin.de

Dortmund
Meditationsgruppe Dortmund (Triratna)
im KOBI e.V.
Adlerstraße 83, 44137 Dortmund
Tel: 0231 534525
shantipada@freenet.de
www.kobi.de

Düsseldorf
Triratna Düsseldorf
Jahnstraße 47 (DRK-Zentrum), Raum 1 und 2, 40215 Düsseldorf
Tel: 0174 8206599
info@duesseldorf-buddhismus.de
www.duesseldorf-buddhismus.de

Duisburg
Triratna Duisburg
im Yogastudio Nataraj
Ludgeristraße 26, 47057 Duisburg-Neudorf
info@duisburg-meditation.de
www.duisburg-meditation.de

Essen
Buddhistisches Zentrum Essen
Herkulesstraße 13a, 45127 Essen
Tel.: 0201 230155
info@buddhistisches-zentrum-essen.de
www.buddhistisches-zentrum-essen.de

Freiburg
Triratna-Gruppe Freiburg
Klarastraße 94, 79106 Freiburg im Breisgau
Tel.: 0761 4880412
info@freiburg-buddhismus.de
www.freiburg-buddhismus.de

Gelnhausen
Buddhistische Gemeinschaft Gelnhausen
Obermarkt 2, 63571 Gelnhausen
Tel. 06051 8859048
satyadhara@gelnhausen-meditation.de
www.buddhismus-gelnhausen.de

Hamburg
Buddhistischer Treffpunkt Bergedorf
Weidenbaumsweg 7, 21029 Hamburg-Bergedorf
Tel.: 04158 8906777
info@triratna-hamburg.de
www.triratna-hamburg.de

Minden
Buddhistisches Zentrum Minden
Obermarktstraße 23, 32423 Minden
Tel.: 0571 87476
info@buddhismus-minden.de
www.buddhismus-minden.de

Osnabrück
Buddhistische Praxisgemeinschaft Triratna Osnabrück
Hasestraße 63 (im Innenhof), 49074 Osnabrück
info@triratna-osnabrueck.de
www.triratna-osnabrueck.de

Sundern
Vimaladhatu Retreatzentrum im Sauerland
Naturfreundehaus 1, 59846 Altenhellefeld
Kontakt über das Buddhistische Zentrum Essen:
Tel: 0201 230155
info@buddhistisches-zentrum-essen.de
www.meditationshaus-sundern.de

Tübingen
Triratna-Gruppe Tübingen
Georgstraße 8, 72072 Tübingen
Tel: 0173 6734910
info@triratna-tuebingen.de
www.triratna-buddhismus.de

Wiesbaden
Triratna-Gruppe Wiesbaden
Schiersteiner Straße 21, 65987 Wiesbaden
Tel: 0611 527192
upekshalila@wiesbaden-buddhismus.de
www.wiesbaden-buddhismus.de

Weitere deutschsprachige Bücher von Sangharakshita

Als Buch

Buddhadharma. Auf den Spuren des Transzendenten
Buddhas Meisterworte für Menschen von heute. Satipatthana-Sutta
Buddhistische Praxis. Meditation, Ethik, Weisheit
Das Buddha-Wort. Das Schatzhaus der „heiligen Schriften" des Buddhismus
Die Drei Juwelen. Ideale des Buddhismus
Einführung in den tibetischen Buddhismus
Ethisch leben. Ratschläge aus Nāgārjunas Juwelenkette
Herz und Geist verstehen. Psychologische Grundlagen buddhistischer Ethik
Mensch, Gott, Buddha. Leben jenseits von Gegensätzen
Sehen, wie die Dinge sind. Der Achtfältige Pfad des Buddha
Wegweiser Buddhismus. Ideal, Lehre, Gemeinschaft
Weisheit jenseits von Worten. Die buddhistische Vision von höchster Realität

Als PDF

siehe http://www.triratna-buddhismus.de/ressourcen/